2022

教学学术

Scholarship of Teaching and Learning

《教学学术》编委会　主编

2

上海交通大学出版社
SHANGHAI JIAO TONG UNIVERSITY PRESS

内容提要

　　本书围绕高校教学学术的研究与实践,由"课程思政",课程思政的探索与研究;"行动与研究",教与学的实践结果研究和理论研究;"谈学论教",教与学的策略和方法;"线上教学",线上教学方法、策略与效果学方面的探索与研究,"教育国际化",聚焦国际化教育的实践经验分享;"教学发展",促进教师教学专业化发展方面的策略与效果研究六大部分组成。本书适合高校教师、教学发展人员、高等教育领域的专业研究员、教育行政人员及其他感兴趣的读者。

图书在版编目(CIP)数据

　　教学学术.2022.2/《教学学术》编委会主编. —
上海:上海交通大学出版社,2022.12
　　ISBN 978 - 7 - 313 - 27951 - 4

　　Ⅰ.①教⋯　Ⅱ.①教⋯　Ⅲ.①教学研究-文集 Ⅳ.
①G420 - 53

　　中国版本图书馆 CIP 数据核字(2022)第 217220 号

教学学术(2022. 2)

JIAOXUE XUESHU (2022. 2)

主　　　编:《教学学术》编委会

出版发行:上海交通大学出版社　　　　　　地　　址:上海市番禺路 951 号

邮政编码:200030　　　　　　　　　　　　电　　话:021 - 64071208

印　　制:上海天地海设计印刷有限公司　　经　　销:全国新华书店

开　　本:787mm×1092mm　1/16　　　　印　　张:9.5

字　　数:214 千字

版　　次:2022 年 12 月第 1 版　　　　　　印　　次:2022 年 12 月第 1 次印刷

书　　号:ISBN 978 - 7 - 313 - 27951 - 4

定　　价:52.00 元

编 委 会

序
Foreword

教学学术（Scholarship of Teaching and Learning，SoTL）概念于 1990 年首次提出，近 30 年来，国际上已经逐步掀起了教学学术运动的热潮，时至今日仍方兴未艾。近年来，关于教学学术的研究与实践也开始在国内兴起。2016 年，教育部《关于深化高校教师考核评价制度改革的指导意见》明确提出要"确立教学学术理念""提升教师教学学术发展能力"，这把教学学术在我国的发展推向了新高潮。

上海交通大学是国内较早开展教学学术研究与实践的高校之一。2011 年，学校就成立了教学发展中心，组织教师开展了教学学术研究与实践，在助力学校拔尖创新人才培养的同时，在国内相关领域占据了一席之地。特别值得一提的是，由教学发展中心主办的教学学术年会已经成为国内教学学术领域最有影响力的交流平台之一。

然而，与国际研究前沿相比，我国在教学学术领域的研究仍处于探索阶段，特别是缺乏本领域专业期刊的现状制约了教学学术的交流与思想碰撞。在这样的背景下，《教学学术》应运而生。《教学学术》旨在通过出版教学学术成果，为广大高校一线教师和教学发展人员、教学管理人员搭建交流与分享的平台，推动和促进国内各高校教学学术的共同发展。

《教学学术》的出版，将有助于推动我国高校教学学术融入国际教学学术运动的浪潮，同时，更将扎根中国教育教学改革的热土，通过提升广大教师的教学学术能力来切实提高高校的人才培养质量。

希望《教学学术》能通过跨学科教学学术研究与实践的成果交流，成为传播与弘扬教学学术文化的载体、沟通教与学理论及实践的桥梁、教学学术交流的平台。我相信，在广大作者、读者、编者的共同努力下，《教学学术》一定会成为兼具跨学科和重实践特色、国内引领、国际知名的教学学术交流平台。

上海交通大学校长、党委副书记

林忠钦

2018年6月

目　录
Contents

教育国际化

课程思政视域下高校英语教学实践的有效性分析

郭　薇

摘　要:作为新文科建设中的重要组成部分,英语学科是建设课程思政的前沿阵地,是讲好中国故事、树立国家良好形象、强化价值引领的重要战场。本文从课程思政的角度出发、以综合商务英语课程为载体,用一套理论工具,两条主线,三种教学模式重构体系化的课程思政教学构架。在对原有教学设计进行重构的同时,使用社会网络分析法(social network analysis),以"四个自信"为评价尺度,着重对课程思政教学实践的有效性进行分析。通过整体网络、中心度分析学生的讨论数据,绘制学生的思想交互图,评测教学效果和学生的学习效果,为评估课程思政教学有效性提供新的思路。

关键词:课程思政;教学有效性;社会网络分析;商务英语

1　引言

2020 年,教育部印发《高等学校课程思政建设指导纲要》(以下简称《纲要》),为今后课程思政在全国高校所有学科的全面开展做出纲领性的指导。同年,新文科建设拉开大幕,强调以坚定学生理想信念为核心,以政治认同、家国情怀、文化素养、法治意识、道德修养为重点,以爱党爱国、爱社会主义、爱人民爱集体为主线,在传授知识的同时,加强价值观教育,全面推进课程思政建设。目前已有不少教师开始课程思政实践的探索:他们大多通过当代中国所取得的成就增强学生的自信,用英雄人物、科学家的事迹激励学生敢为担当,以正在发生的好人好事为学生树立学习典型。但是,课程思政不等同于在专业课上嫁接科学家精神、道德法治观念、人文情怀等价值取向[1]。随着课程思政内涵的不断延伸发展,独立分散的思

作者简介:郭薇,女,河南财经政法大学外语学院讲师,博士,主要研究方向为教学管理与测评、教师发展、商务英语,邮箱:20170061@huel.edu.cn。

基金项目:河南财经政法大学本科教学工程专题项目"新文科建设背景下商务英语课程思政教学效果研究"的研究成果。

政元素难以构建出覆盖全面、前后呼应、多种类型、不同层次的体系化教学。同时,《纲要》要求课程思政需要成体系构建,重视产出,把学生放在教学的中心,以不断提升学生的学习体验和效果为主要目标。因此,在教育部对课程思政的总体规划要求下,每一名教师都需要对分散、独立的思政元素进行体系化重构,有机地融入专业课教学之中。

英语学科作为文史哲的重要组成部分,在新文科建设中肩负着修身铸魂的作用,同时也是强化价值引领的前沿阵地,是讲好中国故事、树立良好国家形象、积极影响世界的重要媒介[1-3]。因此,英语学科的课程思政建设,对于帮助大学生在掌握英语的同时,能够树立正确的价值观具有重要的意义[4]。何明霞指出,我国高校中的英语教学多以语言教学为主,容易造成学生既读不懂中国文化的本源,又过于推崇西方文化[5]。所以,对于英语教师而言,英语教学不能仅教授语言,还必须对语言中的意识形态和文化价值导向进行甄别和强调[6-7]。通过课程思政建设,有助于提升教师的思想政治觉悟,增强育人能力,培养出一支既有专业素养能力又有坚定理想信念的师资队伍。本文通过体系化的课程思政设计,以综合商务英语课程为载体,用马克思主义方法论为理论工具、爱国主义和优秀传统文化为主线,把"四个自信"作为评价标准,使用社会网络分析法(social network analysis)研究学生的思想轨迹变化,为评测课程思政教学效果提供了一个思路。

2　高校英语学科课程思政研究现状

课程思政是近几年提出的概念,已有不少关于在高校英语学科中开展课程思政建设并进行研究的文献。截至 2021 年 8 月,以"英语""外语""课程思政"为关键词,在知网上搜索到 1423 篇高校英语类课程思政的相关研究(见表 1)。由表 1 可见,2017 年是高校英语类课程思政研究的元年,只有 3 篇研究论文发表;之后,研究成果呈井喷态势,数量成倍增加。在普通期刊发表的研究成果占绝大多数,高达 98%,直到 2018 年才在核心期刊上有关于英语类课程思政的研究文章。总体来说,高校英语类课程思政的研究越来越受到重视。

表 1　2016—2021 年高校英语类课程思政研究发表数量统计

年份	2016	2017	2018	2019	2020	2021(截至 8 月)	总计
核心期刊	0	0	1	8	12	36	57
普通期刊	0	3	68	238	556	496	1 361
硕士论文	0	0	0	3	2	0	5
总计	0	3	69	249	570	532	1 423

从发表的主题来看(见表 2),绝大多数的研究方向主要围绕教师与教学展开,其中包括教学反思、教学策略以及专业课程的设置,主要探讨公共英语、高职高专以及教学改革。从研究的内容来看,大多以教学反思、现状分析、能力培养、课程构建为主,也有探讨具体科目

中课程思政的实施路径。从研究方法来看,包括商务英语在内,较少使用实证研究的方法评估课程思政的教学效果。这反映出评价课程思政教学的指标体系仍不够完善[8]。

表2　高校英语类课程思政研究方向

	商务英语	教师与教学	专业课程	总计
核心期刊	1	36	20	57
普通期刊	86	774	501	1 361
硕士论文	0	4	1	5
总计	87	814	522	1 423

3　体系化的课程思政教学设计

　　本文以综合商务英语课程为研究载体,商务英语专业是以在国际商务中如何有效运用英语为特点的新专业,具有跨多个学科的属性。因此,需要囊括《纲要》中对文学、历史学、哲学类专业课程,以及经济学、管理学、法学类专业课程的双重要求。此外,因商务英语开设在外语学院,在兼顾多学科的同时又须有侧重。经过不断尝试,在实践探索中逐步确立了一个体系化的总体课程设计,其中包含一套理论工具(马克思主义方法论)、两条主线(爱国主义和优秀传统文化)、三种教学模式(课文案例、调查研究、启发研讨)的总体课程设计(见图1)。该教学模式的核心要义是通过系统化的设计,把课程思政的要求和要素融入日常教学中,在提升学生英语语言能力和学习有关商务知识的同时,深刻理解中国特色社会主义思想,通过对比国内外的国家战略、法律法规、商业实践等方面,引发学生深入思考,能够主动使用马克思主义世界观和方法论分析解决问题,从而达到增强"四个自信"的效果。

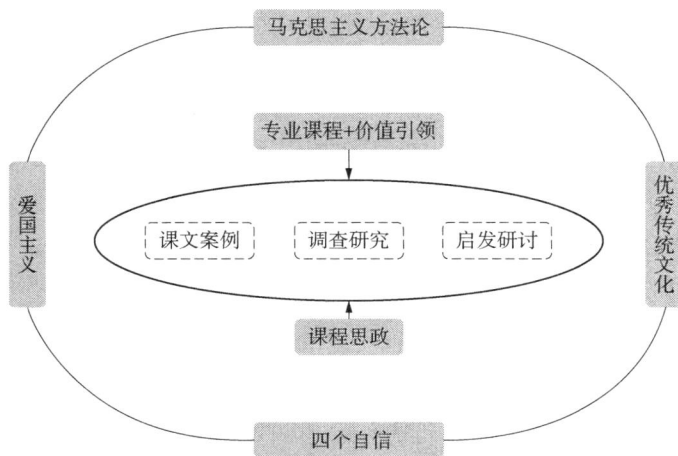

图1　商务英语课程思政体系化设计

　　教学设计具体表现为在课堂上对课文案例的讲解方式进行重构,融入调查研究和启发研讨两个教学环节。课文讲解是商务英语学科教学的主要组成部分,俗称"精读",即教师围绕一篇原版英文文章进行"字词句段篇章"的讲解,在分析语音-语义-语法的同时,补充与课文相关的各类商务知识。在正式授课前,教师提前两天在在线平台"学习通"上发布详细的预习任务,涵盖需要讲授的重点和难点,并设置与平时成绩挂钩的测验点,以此来调动学生的积极性,从而提升学生的参与度。由于提前告知学生重难点,学生对于每节课将要学习的要点都会有较为清晰地把控,为后续的调查研究和启发探讨奠定基础。

　　学生通过调查研究的学习方式完成预习任务。传统的商务英语课堂多以学生听讲,教师授课为主,主要原因是课文涉及很多高阶语法知识和商务知识,学生不容易读懂课文;而这种教学方法致使学生的课堂参与度低,经常出现教师"一言堂"的局面。针对这一问题,教师帮助学生逐步提升调查研究的能力,引导学生超越字典和语法书,更多地借助知网、MBA智库、《中国日报》以及图书馆提供的各类专业数据库资源,对提前布置的任务进行研究式预习,并在该过程中形成自己的见解和答案。学生能够借助外部资料并整合自身已有知识结构,最终通过调查研究内化构建自己的认识体系,在提升预习效果的同时,让学生真正在课下忙起来,最终提升课堂学习的参与度和互动,让学生带着问题和答案来到课堂里。

　　教师在课堂上的讲授主要围绕启发学生进行研讨展开。在正式上课时,学生大多已经"跃跃欲试",迫切地想与同学、教师交流自己的想法和答案。在该阶段,教师将重点围绕预习任务展开,采取随机提问、重点提问、集体研讨的方式考评学生的预习成果,从而推动教学不断深入。教学活动由教师讲授课本的单向信息改变为师生和生生之间的多项互动交流;教师由中心讲授者转变为学习引导者,所有学习资料、学习活动、学习主体均逐步转移到学生身上,从而教师实现最终的教学目标。

　　在每一个单元的学习过程中,学生在思想上的交流和碰撞皆融入课文案例、调查研究、启发研讨的环节之中。第一,预习任务经过精心设计,在涵盖课文的重点和难点的同时,把锻炼思维、提升思想的元素糅合进来,在整体层面从问题角度引导思考语法点、重点词汇以及作者的观点态度。第二,把调查研究作为评价学生预习质量的重要考评标准,鼓励学生多方搜集资料,引导他们自主分析问题。第三,教师的启发探讨主要围绕答案或结论产生的原因展开,即重点关注用什么方法才能得到科学的结论。无论是语法或翻译的语言知识,还是经济金融的商务类知识,教师在引导过程中使用唯物辩证法、矛盾的普遍性和特殊性的辩证关系、一切从实际出发的实践检验标准等学生们耳熟能详的马克思主义方法论,作为分析问题、解决问题的主要方法。鼓励学生在学习英语语言、文化、西方经济学、管理学理论的同时,能够从本质上认同中国传统文化,激发爱国情怀。总之,本课程设计旨在激发学生的学习兴趣,培养自主学习能力、锻炼英语运用能力、对比分析能力、资料搜索能力,把价值塑造、知识传授和能力相统一,引导学生在形成自主观点的过程中增强国家认同感、民族自信心、社会责任感和道德心。

4 研究设计与数据收集

当前,有关课程思政的教学探索大多围绕课程思政元素的挖掘展开。从研究方法来看,较少有研究评估课程思政实践的实际教学有效性。若想获知课程设计真实存在的优缺点,完善教学设计就需要更加详细、有指导价值的教学评估[9]。因此,改进课程思政的评价体系就需要脱离感官上的认知,把对教学效果的评估建立在实证数据之上,使用科学的评价机制[2]。基于思想交互的特点和数字人文技术在语言教学中应用的发展趋势,本文以学生讨论文本为依据,通过社会网络分析法在展示学生在线讨论的参与式元素的同时,构建社会网络的结构性特点,从而探讨该体系下课程思政的教学实践有效性。

社会网络(social network)是由一个个作为节点的社会行动者(social actor)及其互相关联组成的集合,强调各个节点间关系内涵对整个社会网络构成的解释[10]。有些学者使用社会网络分析法对大学生在线互动进行研究分析[11],也有人使用该方法研究高校教师中存在的学习共同体[12]。但整体而言,作为一种在国际上常用的量化研究方法,社会网络分析法在国内教育教学研究中的应用仍然较少[13]。

以综合商务英语第三单元"解码中国经济发展奇迹"的教学设计为例。在正式上课前,教师布置预习任务,要求学生调查研究在疫情期间中外不同的应对政策并进行第一次线上英文主题讨论。之后,依托课文,教师讲解相关语言知识点,并引导学生从多种维度搜集中国自改革开放以来取得的发展成就,通过分析课文案例深刻理解经济发展背后的社会政治制度优势,增进学生对国家改革发展成就的认同,激发学生的爱国心和对社会的责任感与使命感。之后,引入中国和其他国家经济增长的情况和数据,要求学生做进一步调查研究,批判性分析鉴别国内外新闻媒体主导话语,开展第二次英文主题讨论。两次讨论的主题围绕课文(中国经济发展和政治制度)和时事热点(对当前新冠抗疫的影响)展开,包括:中国政府抗疫的举措;中外抗疫举措不同的原因。总之,研究的问题主要围绕体系化的课程思政教学设计,以"四个自信"作为评价标准,分析学生的思想变化。具体如下:

研究问题1:学生第一次讨论与第二次讨论的内容焦点是否发生变化?

研究问题2:第二轮学生讨论的内容是否能够聚焦于"四个自信"?

研究数据收集分两次进行,分别在两次在线讨论结束之后。该数据具有数据量大、参与学生多、讨论面广、生生间互动性强等特点。根据UCINET软件对数据识别的要求,把两套学生讨论产生的原始数据分别进行多次编码。首先,绘制学生两两间的互动关系,得到关系邻接矩阵;然后,仔细阅读学生两两互动的主要内容,并以此为关键节点,用学生的代表性观点作为新的关键节点进行编码;最终构建观点交互矩阵。接下来的数据分析及可视化结果均从学生讨论的观点交互矩阵中产生。

5 数据分析结果

5.1 整体网络分析

按照讨论的先后顺序把两次讨论分别标记为第一次讨论和第二次讨论。第一次讨论的整体网络密度为 4.6%,低于第二次讨论的整体网络密度 5.1%。这说明学生在经历第一次讨论后,第二次讨论的交互性有所提高。但两次讨论的密度都不是很高,这与整个网络中的节点(学生)较多有关[14]。在已有研究中,以大学生交互讨论文本为研究对象的有关研究也产生过类似的整体网络密度[11,15]。从整个网络的节点连接数量来看,第一次讨论的连接数为 83,而第二次讨论的连接数为 57。第一次讨论的连接数明显大于第二次讨论,说明经过一次讨论以后,学生讨论的积极性有所下降,导致连接数量下降,但讨论的密度增强。原因可能是教师并没有对互动做出硬性规定,学生间的互动是自然发生的,所以在第二次讨论时学生间的互动积极性有所下降。

5.2 网络的中心性分析

"中心性"是社会网络分析法研究的重点,它对于说明研究节点在社会网络中具有怎样的地位和作用、信息如何在网络中传播及其效果具有非常重要的意义和价值[16]。一般说来,在社会网络分析中常用的中心性概念有点度中心性(degree centrality)、接近中心性(closeness centrality)和中介中心性(betweenness centrality)。其中,点度中心性是指在社会网络中,如果一个行动者(节点)与其他的行动者(节点)有直接的关联,且关联越多,那么该行动者就越会拥有相对中心的位置,即该节点的中心性就越高。中介中心性是指如果一个行动者(节点)处于连接其他行动者(节点)的路径上,就可以认为该节点处于重要位置,起到中介作用。中介中心性越高,说明该节点处于多个连接其他节点的路径上。本文主要从点度中心性和中介中心性入手,研究分析学生在两次讨论中的互动和思想的聚焦点。

表 3 显示了在两次讨论中点度中心性最高的节点。在第一次讨论中,具有最强点中心性的三个节点分别为 A24(信息透明)、A44(沟通及时)和 A36(官方发布会)。根据点度中心性的定义,在第一次讨论中,学生讨论最为热点的话题就是点度中心度最高的三个节点。说明学生关心疫情的走向,有较强的防控意识,有意愿去及时了解最新的疫情动态,对社会重大突发事件有着较高的敏感性,具有较强的社会责任感,能够正确认知并积极配合政府在新冠疫情中所采取的必要措施。在第二次讨论中,借助英语专业的语言优势,教师鼓励学生使用互联网资讯自主探索外国政府在新冠疫情中相关表现的真实报道。节点 B49(党的领导)、B58(中国的经济与技术)和 B65(社会主义制度)占据了整个讨论的中心,说明这些节点与其他节点的连接数最多。学生普遍认为,中国之所以能快速遏制疫情,与"党的领导""中国的经济与技术"以及"社会主义制度"的优越性密切相关;同时,这也是西方国家所不具备

的制度优势、经济优势和技术优势,体现了对制度、政策、抗疫策略、经济文化等方面的信心。网络的整体中心性从第一次讨论的 5.045% 提升到第二次讨论的 7.254%。这说明学生经过两次活动,对问题讨论的聚焦性提升明显,讨论更有针对性,互动之间的连接度更高。经过自主对比学习后,学生对于中国政府抗疫的举措有了更加深刻的认识,较为直观地反映出学生思想的变化,在多个方面突出地体现了"四个自信"。

表 3　学生两次讨论的点度中心性情况

第一次讨论	点出度	点入度	点出度标准值	点入度标准值
A24(信息透明)	4.000	0.000	9.524	0.000
A44(沟通及时)	4.000	2.000	9.524	4.762
A36(官方发布会)	4.000	3.000	9.524	7.143
网络整体中心性:5.045%				
第二次讨论	点出度	点入度	点出度标准值	点入度标准值
B49(党的领导)	4.000	0.000	12.121	0.000
B58(中国的经济与技术)	4.000	3.000	12.121	9.091
B65(社会主义制度)	4.000	3.000	12.121	9.091
网络整体中心性:7.254%				

　　根据中介中心性的概念,如果在社会网络中某一个节点的值越高,越能说明该节点位于连接其他节点的通路之上,处于"交通要道"的位置。表 4 反映学生两次讨论的中介中心性的数据,呈现的数值为两次讨论中最大的几项。在第一次讨论中,中介中心性由高到低依次排列为 A36(官方发布会)、A47(恢复正常的信心)、A16(国家制度)、A48(集中力量办大事)和 A44(沟通及时)。也就是说,在讨论时,学生大多通过这些节点引发其他讨论。比如,中介中心性最高的节点是 A36(官方发布会),此节点同时也是点度中心性较高的节点。这意味着学生的很多讨论均围绕官方发布会的信息展开,说明学生认可政府官方发布会的公信力,听从政府不听谣不信谣的号召。其他的节点,又如 A47(恢复正常的信心)、A16(国家制度)和 A48(集中力量办大事)等节点,说明学生认同"中国文化中具有坚强韧性"的观点,相信在政府的带领下能战胜疫情的信息以及在整个抗疫中对我国制度优势的认同。与 A36(官方发布会)类似,A44(沟通及时)有较强的点度中心性,也有较高的中介中心性。表明在疫情中,学生对于信息流动有较强的需求,也表明学生相信政府能够及时发布有关消息。

　　从第二次讨论的关键节点来看,学生主要围绕我国国家制度的特点展开探讨,能够较为深入地认识到我国国家治理体系与西方国家的不同之处及优势。关键节点 B14(集中力量办大事)和 B32(举国之力)体现了学生对政府动用国家力量进行抗疫的认同;B65(社会主义制度)和 B50(党的领导)说明学生能够深刻认识到我国制度优势的根本原因;B27(集体主义和爱国主义)是学生对中国文化中"坚韧不拔、舍己为人、大局为重"特点的认同;B58(中国的经济与技术)说明了学生能够认识到改革开放以来我国所取得的成就。总体来说,学生讨论的内容集中在对国家制度、文化韧性、发展道路等方面的认同上，集中体现了对这些方面的自信。

表 4　学生两次讨论的中介中心性情况

第一次讨论	间隔度	间隔度标准值
A36（官方发布会）	201.500	11.702
A47（恢复正常的信心）	172.667	10.027
A16（国家制度）	139.833	8.120
A48（集中力量办大事）	122.333	7.104
A44（沟通及时）	112.167	6.514
网络中心性＝9.36％		
第二次讨论	间隔度	间隔度标准值
B14（集中力量办大事）	62.500	5.919
B65（社会主义制度）	61.000	5.777
B27（集体主义和爱国主义）	52.500	4.972
B58（中国的经济与技术）	50.500	4.782
B32（举国之力）	41.000	3.883
B50（党的领导）	40.000	3.788
网络中心性＝4.50％		

5.3　两次讨论数据的可视化分析

对复杂数据进行可视化处理是社会网络分析法的另一重要应用。通过图形，可以清晰地看到各个节点在网络中的位置及所起的作用。本文分别绘制了有关学生两次讨论中介中心性的社会网络图形。选择中介中心性作为图形展示主要考量到中介中心性反映的是信息流动的"关隘"，并且数量相对点度中心性较少，从信息流动的角度更能反映出整个网络的情况。

图 2 是第一次讨论时收集的数据所产生的中介中心性的可视化图形。图中灰色方块的大小代表节点中介中心性的强弱，节点越大说明该节点的中介中心性越强。由图 2 可见，中介中心性最强的节点是 A36（官方发布会），与其他大量的节点相连，这意味着与其相连的节点通过 A36 也能够相互连通。学生在讨论时，总能从 A36（官方发布会）引发其他相关话题，或者把讨论拉回到 A36（官方发布会）上。比如，与 A36 直接相连的有 A26（中国速度）、A38（国家凝聚力）、A12（政府果断的决策力）、A48（集中力量办大事）和 A42（科学技术）等节点，这意味着学生对疫情控制的探讨围绕 A36（官方发布会）展开并向外延伸，扩展到内涵更加具体、丰富的讨论之中。不仅如此，作为第一次讨论中介中心性最大值的节点，A36（官方发布会）的重要性印证了大学生对于官方信息的认同及信任程度，说明大学生对社会和网络谣言有着较为清醒的认识和较高的抵抗能力。在第一次讨论中，A16（国家制度）虽不是中介中心性的第二大节点，但它是第一次讨论时学生在自由讨论中自发产生的，说明学生

对国家的政治制度的运转有较为深刻的认识和坚定的信心。与 A16（国家制度）直接相连的节点分别有 A47（恢复正常的信心）、A15（人民利益高于一切）、A3（医疗设备）和 A21（避免公众恐慌）。说明在学生的讨论中，A47（恢复正常的信心）、A15（人民利益高于一切）、A3（医疗设备）和 A21（避免公众恐慌）所代表的观点汇聚于 A16（国家制度）或从 A16（国家制度）出发。这进一步说明在学生的心目中，认为国家能够把人民的利益置于高于一切的位置，能够为全国上下一心抗击疫情增强信心。学生把从全国范围内调度医疗设备的能力归结于我国的社会主义制度，在认知层面体现了学生对我国政治制度、管理、文化等方面的认同。

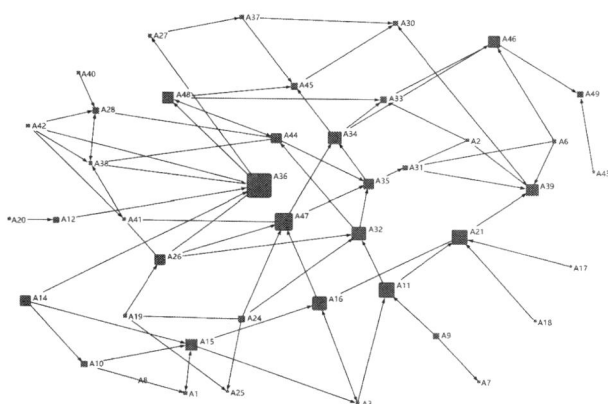

图2 第一次讨论中介中心性的可视化图形

学生第二次讨论围绕"中外抗疫策略的不同"这一主题展开。在图 3 中，B54（社会主义核心价值观）虽然处于较为边缘的位置，但由于连接了图形中左边较多节点，所以其中心性在图形上以较大的形式显示出来。类似的情况还有 B27（集体主义和爱国主义），由于这一节点处于图形的中心位置，所以在图形中的显示的节点也比较大。其他中介中心性数值较大的节点还有 B14（集中力量办大事）、B65（社会主义制度）、B58（中国的经济与技术）、B32（举国之力）以及 B50（党的领导）等。这些关键节点都聚焦于学生感知到我国所采取的抗疫措施背后的深层次治理设计，如"集中力量办大事""举国之力""社会主义制度"和"党的领导"是我国的国家制度和特色。而"中国的经济与技术"反映出学生对于改革开放 40 多年以来成就的认同，"集体主义和爱国主义"则表明学生在讨论时反映出对中国文化的肯定。"社会主义核心价值观"充分说明了学生对于我国政治设计、治理能力、人文情怀等方面有着较为明确的认知。因此，在融入课程思政相关的教学设计后，学生提升了判断能力，认可官方信息，自觉遵守维护抗疫秩序，认同自己国家的治理体制、文化等，增强了"四个自信"。通过使用社会网络分析法对比学生两次线上讨论的数据后发现，体系化课程思政总体设计的教学效果在一定程度上能够用数据反映出来。

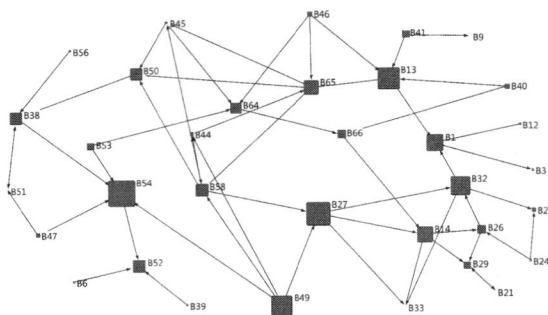

图3　第二次讨论的中介中心性可视化图形

6　研究结论和建议

6.1　积极探索过程性评估手段在英语课程思政中的作用

作为新文科中的重要组成部分,课程思政在本质上是对价值教育的创新,尤其是要建立起多维度的考核评价体系,真正把人才培养的效果作为评价课程思政建设的首要标准[8]。要全面对教学效果进行衡量,就不能仅关注知识的学习效果,还应将过程性评价作为评判课程思政教学效果的重要手段[9,17]。但过程性评价绝不是加大学生的平时成绩占比、改变成绩的结构,而是通过一套新的方法能够科学地观测、评估学生思想品德方面的成长,反馈并深入评价课程思政的教学效果。本文通过社会网络分析法,深入地探讨了体系化的商务英语课程思政的教学效果。从结果来看,绝大部分学生的思想在学习和交流中发生了积极变化,能够较好地接收、认知、评价外部信息,但个别学生游离于群体之外,没有与其他学生进行有效的交互。这就要求教师在教学中能够关注到学生中的边缘群体,及时掌握他们的学习状态和思想情况。由此可见,过程性评价能够为教师提供更加精准的检测手段,帮助教师完善教学设计,提高评估人才培养的效果。未来可以探索多种过程性评价方法相结合的方法和思路,比如问卷调查、学生心理评测等等。

6.2　完善英语课程思政体系化建设

建设课程思政体系是解决好学科知识和思政教育"两张皮"的重要办法。但课程思政绝不是简单地在专业课中增设活动,机械地进行思想教育,而是要对教学体系进行科学的设计[18]。这要求英语类课程思政要从整体的教学设计顶层出发,涵盖课程设置、教学大纲、教学内容选用、教案课件、课堂活动、学生活动作业、实验实训、毕业设计论文、教学评价等所有学习、教学环节进行体系化的重构、重建、重组。通过体系化的建设,把盐(思想教育)融入食物(专业课程),从而实现高度融合、人文关怀、情理交融,最终达到思想升华、理想信念坚定的目的。课程思政体系化建设应以理想信念、政治认同、家国情怀、文化素养、宪法法治意识、道德修养等重点思想政治教育元素为核心,以马克思主义世界观、唯物辩证方法论贯穿连接,引领学生了解并掌握科学地看待问题、分析问题、解决问题的态度和方法。通过本文的研究数据来看,学生并未汇报在教学中"停下知识讲授,进行思想教育"的感受,说明在课程思政体系化的设计思路下,思想教育与英语专业知识得到了较好的融合,在学习英语专业知识的同时,能够主动地使用了既定理论分析工具并得出相应的结论。同时,学生在两次讨论时均展示出较强的聚焦度,能够围绕既定的目标展开,进行有深度的探讨,对问题的本质进行分析。因此,课程思政体系化设计对于引导学生深入思考,尝试使用马克思主义理论工具分析问题有较好的教学效果。

6.3　增强"互联网＋"对课程思政建设的赋能作用

2020 年春季学期,虽受新冠疫情影响无法正常线下上课,但在互联网的帮助下,我国大中小学如期在"云端"开学,较为顺利地度过了疫情最严重的时刻。虽然大规模的线上教学已经结束,但在很大程度上,互联网通过丰富的教学资源、新颖的学习形式、交互式的师生关系等,已重构了原有的教学方式。而 2021 年和 2022 年疫情又呈现局部爆发的态势,使得多地不得不继续采用线上教学。因此,以"互联网＋"为支撑的云计算、大数据等信息技术正在全面地改变着教学生态,实现线下课堂教授模式和学习模式的变革[19]。通过把互联网技术、资源、理念有效融入课程思政的设计及授课环节中,实现两者深度融合,从而达到提升课程思政教学效果的目的。事实上,无论教师是否积极转变,"互联网＋"都已成为当前课程生态体系重构的重要因素。从本研究的情况看,大学生对使用互联网进行教学有明显的好感,他们在使用网络教学资源、参与网上讨论等方面比较积极,参与度均明显高于传统课堂。不仅如此,"互联网＋"的理念和技术支撑也能够为有效评估课程思政教学效果提供新的思路。一些教学辅助软件,如学习通、雨课堂等已经集成多个学习过程监测工具,能够对教学过程、结果进行有效跟踪,能够把问卷调查嵌套在教学过程中,使用云词分析学生讨论文本等,极大地增强了教师及时了解学生学习状态的能力,为评价课程思政教学效果提供了有效的工具。

6.4　提升教师参与课程思政建设的意识与能力

课程思政把专业知识传授提升到价值教育的高度,是高校落实立德树人根本任务的重要途径之一,是帮助学生树立正确的世界观、人生观、价值观的"主战场"。因此,课程思政建设的核心是教师,其关键在于广大一线教师的积极参与和大力投入[20]。究其本质,推动课程思政发展的关键在于,把价值问题用中国的话语进行阐释,从而培养学生的政治认同和国家意识[21]。作为教学的主体,教师理应首先认识到把价值观教育融入专业课程当中的重要性和紧迫性,深刻理解领悟其在当今中国情境下的价值和意义[4,7]。而且,作为外语教育实践的主要承担者,教师直接决定着外语教育实践和研究的水平[22]。目前部分英语教师对外语教育研究和课程思政教育的理解和关注不够,认为这些都是非专业性的研究,会影响英语类专业课程思政教学研究建设的进度和质量。要积极、快速调整教学模式,创新教学研究思路,强化自身的育人意识,找准本学科的育人定位,着力提升育人能力,必要时可与本校的马克思主义学院以及其他相关专业学科进行协同,组建多层次的课程思政教学研究体系。这对英语教师队伍建设提出了更高要求,即在不断提升教师专业素养和教学水平的同时,重点关注师资队伍的整体课程思政建设,提高教师队伍对国家政策、经济发展、社会思潮的正确把握能力。

7　结语

　　本文从高等教育当前发展的要求出发,紧扣课程思政开展研究,以体系化的思路形成了一套理论工具、两条主线、三种教学模式的总体课程设计,通过社会网络分析法对学生的线上研讨展开可视化分析,尝试探索通过过程性评价学生学习效果的新方式。通过研究发现,学生在讨论的文本上有较强的倾向性,表达了对“四个自信”的坚持,说明体系化的教学设计产生了可测量的积极结果。未来的研究和课程改革可以借助多种测量工具,在教学的多个阶段对学生的学生状态和思想状况进行评估,构建出多元立体的课程思政评价体系,在检测教学效果的同时,给教学设计带来积极反馈,以便进一步优化整体课程设计,构建出符合学科特点的教学模型,达到教书育人的双重目标。

参考文献

[1] 陈磊,沈扬,黄波.课程思政建设的价值方向、现实困境及其实践超越[J].学校党建与思想教育,2020(14):51-53.

[2] 崔国鑫.高校外语专业课程思政建设思考与探索[J].国家教育行政学院学报,2020(10):37-42+77.

[3] 刘正光,岳曼曼.转变理念、重构内容,落实外语课程思政[J].外国语(上海外国语大学学报),2020,43(05):21-29.

[4] 崔戈.“大思政”格局下外语“课程思政”建设的探索与实践[J].思想理论教育导刊,2019(07):138-140.

[5] 何明霞.思想政治教育与英语教育的融合[J].中国高等教育,2019(23):58-59.

[6] 杨金才.外语教育“课程思政”之我见[J].外语教学理论与实践,2020(04):48-51.

[7] 肖琼,黄国文.关于外语课程思政建设的思考[J].中国外语,2020,17(05):1+10-14.

[8] 谭红岩,郭源源,王娟娟.高校课程思政评估指标体系的构建与改进[J].教师教育研究,2020,32(05):11-15.

[9] 陆道坤.课程思政推行中若干核心问题及解决思路——基于专业课程思政的探讨[J].思想理论教育,2018(03):64-69.

[10] 林聚任.社会网络分析:理论、方法与应用[M].北京:北京师范大学出版社,2009.

[11] LU J, CHURCHILL D. The effect of social interaction on learning engagement in a social networking environment [J]. Interactive Learning Environment, 2014,22(4),401-417.

[12] 郭佩文,彭建平,曾栋.基于社会网络分析的高校教师学习共同体知识分享机制研究——以广东Z学院为例[J].当代教育科学,2018(12):57-64.

[13] 吕晶.中国教育实证研究中的定量方法:五年应用述评[J].华东师范大学学报(教育科学版),2020,38(09):36-55.

［14］刘军. 整体网络分析讲义［M］. 上海：格致出版社，2009.

［15］ZHANG Z，LI J，LIU FF，et al. Hong Kong and Canadian students experiencing a new participatory culture：A teacher professional training project undergirded by new media literacies［J］. Teaching and Teacher Education，2016，59：146-158.

［16］HANNEMAN R A，RIDDLE M. 社会网络分析方法：UCINET 的应用［M］. 陈世荣，钟柭娜，译. 北京：知识产权出版社，2019.

［17］陈雪贞. 最优化理论视角下大学英语课程思政的教学实现［J］. 中国大学教学，2019(10)：45-48.

［18］卢黎歌，吴凯丽. 课程思政中思想政治教育资源挖掘的三重逻辑［J］. 思想教育研究，2020(05)：74-78.

［19］杨晓宏，郑新，梁丽. "互联网＋"背景下高校课程思政的价值意蕴与实践路径研究［J］. 电化教育研究，2020，41(12)：71-78.

［20］项波，吴仰祺，杨路萍. 高校课程思政建设的"四个维度"［J］. 黑龙江高教研究，2020，38(04)：152-155.

［21］赵志伟. 我国高校"课程思政"的脱嵌性问题研究——以社会科学类课程为例［J］. 中州学刊，2020(04)：88-92.

［22］李民，王文斌. 我国高校外语教育问题研究：外语教育学视角［J］. 外语与外语教学，2021(01)：21-29.

An Analysis of the Effectiveness of College English Teaching Practice from the Perspective of Courses with Ideological-political Elements

Guo Wei

Abstract：As an important component in building New Liberal Arts Program，the English subject stands in the front line of the construction of the "courses with ideological-political elements"，and it is an important battlefield for telling Chinese stories，establishing a good image of the country，and strengthening value guidance. From the perspective of the courses with ideological-political elements，this research takes the integrated course of business English as the example，and uses a set of theoretical tools，two main lines，and three teaching modes to reconstruct a systematic ideological-political English teaching framework. While reconstructing the original teaching design，the Social Network Analysis method is adopted to analyze the effectiveness of implementing ideological and political education in English teaching practice based on the "Four-sphere Confidence". Through the overall network and centrality analysis of students' discussion data，illustrating the interactive maps，and assessing the effects of teaching and student learning，it provides new ideas for evaluating the effectiveness of the courses with ideological-political elements.

Key words：courses with ideological-political elements；teaching effectiveness；social network analysis；business English

"烹饪"三好论:课程思政的路径设计与教学效果
——以上海交通大学新工科课程"设计与制造Ⅱ"为例

郭为忠

摘　要:课程思政育人贵在春风化雨、润物无声。在长期实践和探索的基础上提出课程思政教学设计的"烹饪"三好论,明确课程思政教学育人的三要素。通过科研反哺教学,保障课程知识体系的引领性、时代性和开放性。进而给出课程教学视角下的思政元素分类,基于课程教学体系提出知识点、能力点、思政点"三点合一"、融为一体的课程思政元素挖掘方法。采用"三点合一"的融入式课程思政育人教学方法,构建全过程、全环节的课程思政育人教学体系,将思政育人元素自然融入专业课程的知识探究和能力培养过程中,在"设计与制造Ⅱ"新工科课程教学实践中取得实效。

关键词:课程思政;基本原则;"烹饪"三好论;三点合一;融入式教学

1　引言

教书育人、立德树人是教师的天职。2016 年 12 月 7 日,习近平总书记在全国高校思想政治工作会议上指出[1],"要坚持把立德树人作为中心环节,把思想政治工作贯穿教育教学全过程,实现全程育人、全方位育人。""其他各门课都要守好一段渠、种好责任田,使各类课程与思想政治理论课同向同行,形成协同效应。"搞好课程思政建设,实现"门门有思政",是落实教书育人、立德树人根本任务的战略举措和全面提高人才培养质量的重要任务。

当前,国家正在推动新工科建设、一流课程建设、课程思政建设等工程。作为一名教师,如何在课程教学中落实好这些新要求,真正做到立德树人,培养德才兼备的国家栋梁是一项紧迫而又具有重大意义的课题。本文从课程教学设计的视角出发,探讨课程思政建设的基

作者简介:郭为忠,长聘教授,工学博士,机构与机器人学、重大装备创新设计,邮箱:wzguo@sjtu.edu.cn。
基金项目:上海交通大学 2018 年度课程思政教育教学改革项目"设计与制造Ⅱ课程嵌入式思政建设"(ZXDF602037/002);教育部高等学校机械基础课程教学指导委员会/教育部高等学校工程训练教学指导委员会教育科学研究立项项目"融知识获取、能力建构、素质养成于一体的'设计与制造Ⅱ'课程 KAPIV 项目设计研究"(JJ-GX-JY202149);上海市课程思政教学指南编制专项"机械类专业课程思政教学指南"(沪教委德〔2021〕34 号);上海交通大学教学发展中心 2022 秋课程教学设计创新专项(CTLD22D00013)。

本原则和融合思政元素的教学设计方法,并以上海交通大学新工科课程"设计与制造Ⅱ"为载体验证课程思政教学实践的效果。期望所作探索能为我国高校机械专业的相关课程思政教学改革提供借鉴。

2 课程思政建设的基本原则

2.1 "春风化雨、润物无声"是课程思政的基本原则

教书育人需要尊重教育规律,课程思政育人重在春风化雨、润物无声。习近平总书记指出:"好的思想政治工作应该像盐,但不能光吃盐,最好的方式是将盐溶解到各种食物中自然而然吸收。"[2]这道出了课程思政的最本质特征,也指出了课程思政的建设路径,为课程思政建设厘清了思路,指明了方向。

2.2 知识点、能力点、思政点"三点合一",融为一体是课程思政的基本路径

"师也者,教之以事而喻诸德者也。"《礼记·文王世子》中的这句论述,精辟地道明了"教之以事"的"事"和"喻诸德者"的"德"之间的相融关系,"事"是教育的载体,"德"是教育的灵魂,两者融为一体。因此,需要牢记课程思政建设是方法,不是加法,是课程的内涵建设而非内容建设。

我国高等教育已经进入知识探究和能力培养并重的发展阶段,比较好地实现了知识和能力的有机结合。现在强调课程思政,就是要进一步回归教育的育才育人本质,在知识和能力并重基础上,强化价值引领、人格养成的思政育人目标。这不是增加新的教学内容,而是深化课程内涵,是课程教学的应有之义。因此,从课程的目标点、知识点、能力点中去挖掘提炼思政元素,在课程教学中做到知识点、能力点、思政点"三点合一",融为一体,在知识探究和能力培养的过程中达成思政育人目标,应该是课程思政建设的基本途径,甚至是最佳途径。

2.3 做好顶层设计,构建全过程、全环节、无死角的课程思政育人教学体系

育人工作是一个覆盖学生学习和生活的方方面面,全面引导学生才智和心灵成长的综合性过程,课程思政育人教学必然需要全方位关注课程教学活动的所有环节、不留死角,需要做好课程思政教学的顶层设计,形成课程思政育人教学体系。

2.4 课程教师需要注意言行举止,做好知行合一、示范引领

课程教学是通过教师的个人行为作用于学生的。教师的行为举止、态度情绪都会对学生起到潜移默化的教化作用,因此教师需要注意言行举止,始终播撒正能量、贯穿知行合一思想、全方位示范引领,通过教师的一言一行、一举一动,用心打磨"金课思政",达到"春风化

雨、润物无声"的育人效果。

3 课程思政教学设计的"烹饪"三好论

3.1 "烹饪"三好论:课程思政育人教学的三要素

如图 1 所示,课程思政就像厨师做菜,不仅需要优质的食材、精致的调料,还需要有精心的构思和精湛的烹饪手法,才能做出一道营养健康、色香诱人的美味佳肴。课程思政也是类似道理,课程知识体系相当于"食材",思政元素体系好似"调料",课程教学方法恰似"烹饪手法"。

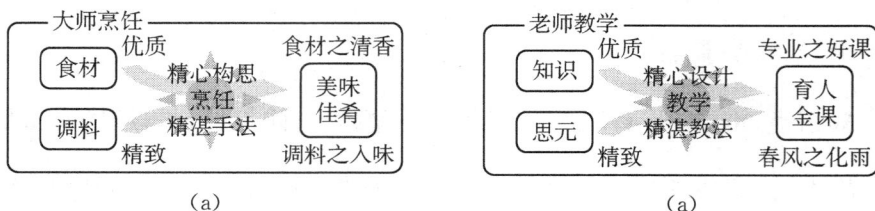

图 1 "烹饪"三好论与课程思政中的关键要素
(a) 烹饪三要素:优质食材、精致调料、精湛手法;(b) 教学三要素:知识体系、思政元素体系、教学方法

因此,做好课程思政需要保障"三好",即"食材"要好,"调料"要好,"烹饪"要好,三个方面要融于一体、不可偏废。在此,具有引领性、时代性、开放性的课程知识体系是上等的"食材",甚至其自身就已蕴含了丰富的育人元素;具有思想性、人文性的思政元素是点睛的"调料",需要选的恰当,用的合适,但并非越多越好;精心的课程设计和融入式的课程教学方法是精湛的"烹饪"技术,需要因课而异、因章而异、因知识点而异。在知识传授中蕴含着育人哲理,高级的厨师能将"食材"和"调料"天然混成,形成独特的味道。上述三个方面,"食材"是基础,如果"食材"不好,无论怎样奢谈思政育人都是空中楼阁,没有意义;"调料"是灵魂,需要精致且适量,少了寡然无味,多了适得其反;"烹饪"是手段,运用得当能让"食材"和"调料"浑然一体、天衣无缝。

要做好课程思政教学育人,就必须让课程的知识体系做到与时俱进,提升课程的引领性、时代性和开放性;要从课程专业内容体系中精心挖掘和提炼课程思政元素,让课程思政元素与知识点、能力点融为一体、"三点合一",同时增加课程的思想性、人文性;在此基础上,采取融入式课程教学策略,实现春风化雨、润物无声,盐溶于汤的教学效果。

3.2 "食材"好

"食材"好具体表现为以科研反哺教学,构造具有引领性、时代性、开放性的课程知识体系。时代发展日新月异,专业课程特别是偏应用型的专业课程的内容体系需要做到与时俱进,教学方法需要注重实践,学习评价需要有利于促进主动学习和探究性学习。

以"设计与制造Ⅱ"课程为例,该课程涉及"机械原理""机械设计"等基础知识,以及标准零部件、电子元器件、控制器、传感器、控制编程等应用性知识。首先,为保障课程的与时俱进,发挥课程培养学生在机械设计方面具备自主创新能力的基础性作用,将教学团队的科研成果融入课程,通过科研反哺教学。从现代机械创新设计和机电产品系统观的视角,重塑课程的内容体系,补充机器认知、机器创新设计两个全新又前沿的知识板块,以满足学科发展和我国产业发展原创性设计能力的迫切需要,使课程具备了拥有丰富思政元素的可能性。其次,发挥课程实践性强的优势,引入体现"学生中心""学中做""做中学""知行合一"理念的项目式教学思想,实施课堂教学和课外项目开展"双主线并行"的课程整体式项目式教学方法,重塑课程的教学模式,以企业产品开发过程建构项目指导进程,以项目指导进程组织课堂教学逻辑,充分调动学生主体意识和主动性。另外,为激发学生的能动性,践行"能力导向"的教育教学理念,以全过程全要素训练和评价为目标,重塑课程的考核方式,全过程引导,激励学生主动作为。通过内容体系、教学模式、考核方式的重塑,既打造了一门"专业金课",又使课程蕴含了丰富的育人元素,实现课程的全方位、体系化重塑,并受到学生好评,保障了"食材"好。

3.3 "调料"好

"调料"好具体表现为精心挖掘和提炼课程的思政元素,通过倾心打磨"金课思政",增加课程的思想性、人文性。专业课程的内容通常涉及方方面面,理论上有很多思政元素可以挖掘和利用,这里面就涉及取舍的问题,因为思政元素并非越多越好,关键是要用得恰到好处、贴切自然,否则容易出现适得其反的情况。因此,务必要做到"调料"好,以增加课程的思想性、人文性,从而使课程起到春风化雨、润物无声的效果。

3.4 "烹法"好

"烹法"好具体表现为精心设计融入式课程教学方法,合理配置课程思政元素,与教学内容、教学过程和教学行为自然融合。课程思政最忌讳单纯说教、生搬硬套、"两张皮"等现象。为实现课程思政的隐性育人作用,需要精心设计思政元素的融入方式,在目标点、知识点、能力点中合理布局思政元素融入点,实现分布式、融入式课程思政育人教学。作为主导地位的老师应尽可能地调动和激发学生,让学生产生求知的主动性、积极性和使命感。

4 "三点合一"的课程思政元素挖掘方法

课程思政元素体系不是外加的、独立的教学内容,而是从课程的目标点、知识点和能力体系中挖掘、提炼并整理出来的,它本来就融于专业课程体系之中,是专业课程知识体系内在的人文味道、情感价值、情怀升华、精神追求。专业课程内容体系与课程思政元素体系本来就应该是合二为一、融为一体的关系。对于任何一门课程来说,思政元素类型和素材都很多，可以从课程教学活动的视角进行合理分类及相应挖掘提炼，即找到思政元素在教学活动中的有效载体，作为思政教学的传导通道或思政育人的融入点、切入点。

4.1 课程教学视角下的思政元素分类

以"设计与制造Ⅱ"课程为例，从有利于思政元素自然融入课程教学过程这一目标出发，可以将课程思政的各类元素划分为知识/技能类、能力类、素养类、行为类四类。其中，知识/技能类思政元素可以融入课程教学的内容体系，主要是课程专业知识所蕴含的哲理性、社会性、人文性精神内涵；能力类、素养类、行为类思政元素可以融入课程教学的方法体系和教学设计环节，与人的道德修养、专业品格和行为方向密切相关。部分能力类、素养类的思政元素也可以融入课程教学的内容体系。

4.1.1 知识/技能类思政元素

这类思政元素可以从课程内容所涉及的具体专业、行业、国家、国际、文化、历史等角度进行挖掘，并根据课程的教学目标拓展课程专业知识的内涵，提高学生对专业知识产生的历史背景、研究途径和发展趋势的深入理解和分析，进而提高学生在该领域的创新意识和创新能力。比如梳理和讲授各个专业知识点的产生、发展和逻辑演绎过程，同时结合国内外古代科技成就、近现代科技发展状况和当代科技成就等，将思辨能力和批判性思维的培养、中华文明和人类文明的弘扬宣传与课程专业知识的传授结合起来，涵养学生的探究性思维习惯，帮助其形成平视心态，提升家国情怀和拓展国际视野。

4.1.2 能力类思政元素

这主要包括精益求精的大国工匠精神、团队合作精神、创新精神、研究能力等。把唯物辩证法与科学精神结合起来，提高学生在机械工程领域正确认识问题、分析问题和解决问题的专业能力。

4.1.3 素养类思政元素

素养类的思政元素与人的行为和品格相关，部分可以融入课程教学的内容体系。如工程伦理、科技伦理、职业道德、人文关怀、生态环保意识等；部分可以融入课程教学方法体系，如提升学生的学术道德，引导其加强对制造强国和创新型国家建设等国家发展战略的关切，培养他们科技报国的家国情怀和使命担当精神，提升学生的主体参与意识、创新意识和责任感等。

4.1.4 行为类思政元素

这类思政元素与人的行为和品格相关，可以融入课程教学方法体系。包括教师自身的言传身教、示范引领、关爱学生、道德感召等，在教学的过程中则要时刻注意规范学生的言行举止，包括尊重师长、团队合作互助、诚实守信、文明礼貌等。

以"设计与制造Ⅱ"课程为例，课程教学视角下的四类课程思政元素具体如表1所示：

表 1 课程教学视角下的"设计与制造Ⅱ"课程思政元素举例

思政类型	思政元素示例
知识/技能类	(1) 知识点的产生过程:机构自由度(DOF)、凸轮廓线、齿轮啮合、瞬心……(此过程涉及大量与思维方法、思辨能力和唯物辩证法等有关的思维能力训练) (2) 我国古近代机械辉煌成就(提升民族自豪感和文化自信) (3) 现代成就(理论和装备):机构学、DOF 计算、天眼(提升民族自豪感和文化自信) (4) 世界前沿(培养学生的平视心态,提升自信、责任感和家国情怀,励志)
能力类 (方式方法、教学技法)	(1) 马克思主义立场观点方法(思维方法) (2) 严谨、细致、求真的科学精神 (3) 团队合作精神、国际化视野、创新意识 (4) 知行合一、理论联系实际、动手实践能力 (5) 项目设计、项目制作:精益求精的大国工匠精神 (6) 项目立题策划:关注国家、社会、民生、国防……(培养社会责任感)
素养类	(1) 工程伦理、科技伦理、人文关怀(人机工程、人身安全……) (2) 学术道德、诚信意识 (3) 科技报国的家国情怀和使命担当 (4) 主人翁精神、主体参与意识 (5) 创新精神:有胆有识、勇于/敢于创新、培养好奇心
行为类 (言行举止)	(1) 教师的言传身教、以身作则、示范引领(知行合一) (2) 教师的道德感召、人格魅力(传播正能量) (3) 教师的责任心、使命感(感染学生) (4) 教师应爱生如子、关爱学生、共情 (5) 学生的团队合作互助精神 (6) 学生尊重师长 (7) 学生的诚实守信

4.2 不同类型课程思政元素的挖掘路径

对于一门课程来说,思政育人元素不在于多而在于精、贴切、独特。为寻找和挖掘最合适的课程思政元素,可以尝试从外部动力和内部动力、教师侧和学生侧等视角进行思考。

有关知识/能力/素养这几类课程思政类型,可以尝试从外部动力和内部动力两个方面来考虑。外部动力包括社会期待、行业发展需求等,如学生的知识/能力/素养等是否符合社会(企业/行业……)的实际期待,学生在专业知识、专业能力和专业素养等方面需要哪些改进和提升?内部动力主要来自学科发展和科学研究,所教授的知识是否为学科发展的最前沿领域,教师在科研、调研的过程中需要深刻地认识到学生的专业知识、专业能力、专业素养等需要与时俱进,并能确保所教授的知识、能力和素养为未来社会所需。表 2 为"设计与制造Ⅱ"课程在挖掘课程思政过程中所采用的内外部路径。

表2 "设计与制造Ⅱ"课程思政挖掘的内、外部路径

路径	思政元素案例
内部动力	学科发展:引入机构自由度(degree of freedom,DOF)计算的新思想和新方法;构件、运动副的新形式;柔顺机构、机器人等新形式;连杆机构、凸轮廓线、齿轮廓线等统一建模思想(复数向量法、矩阵法)等,让课程知识不仅与时俱进而且密切联系实际,帮助学生形成专业课程知识的科学观、发展观 科学研究:引入"三子系统"观点、锻造操作机、航发调节机构、新型腿式着陆器机构、章鱼机器人等研究课题及理论/应用成果,丰富课程教学案例,形成科技自信、自豪感
外部动力	国家需要:为回应中国制造2025、制造强国发展战略、解决"卡脖子"问题的自主创新新要求,从课程的内容体系和教学方法上进行了重塑变革,补充现代机器"三子系统"的系统观,从产品创新视角帮助学生建立科学前沿的认知,提升创新能力 行业要求:提出基于企业产品开发过程训练的"双主线并行"项目式教学方法,训练学生现代机电产品的创新设计研发能力,增强科技报国的意识和本领

对于课程教与学的技法体系,可以尝试从教师侧、学生侧分别考虑。教师侧侧重课程教学"以教师为灵魂"的原则,需要做到课程内容与时俱进,教学过程能调动学生的积极性和主动性,在知识传递、产生的过程中善于灵活运用PBT(项目式教学)、OBE(产出导向)等参与式教学方法调动学生学习的主动性。学生侧则遵循"以学习为中心"的原则,善于运用任务、兴趣、使命牵引等策略,激活学生内在、内生动力,积极动手、动脑进行探究式学习,激发学生的主动性、好奇心和创造性。表3为"设计与制造Ⅱ"课程在教室侧和学生侧进行思政元素挖掘的方法和路径。

表3 "设计与制造Ⅱ"课程思政挖掘的教师侧、学生侧路径

路径	思政元素案例
教师侧	教学设计:为做到教学内容与时俱进、教学方法科学得当,以科研反哺教学重塑"设计与制造Ⅱ"课程的内容体系;用企业产品开发的过程为模版重塑项目式教学中的项目开展过程,突出现代机器的科学观、系统观、过程观和知行合一观 教学实践:注重启发式教学,引导学生进行探究性学习;课堂内外都注重言行举止的示范引领作用,关爱学生,激发学生学习奋进的正能量
学生侧	"以学习为中心":无论是课堂教学、课外项目的教学设计都以学习效果为中心,通过"学中做""做中学",强化学生的深度学习和动手实践能力 调动好奇心、激发主动性和上进心:在基本概念、基本方法讲授过程中,教师通过提出和推导过程的复演,引导学生重走问题发现和解决之路,训练唯物辩证的思维方法、科学精神、创新意识

4.3 基于课程教学体系的思政元素挖掘方法

为进一步做到把思政点有机融入课程教学的目标点、知识点、能力点中,实现教学过程的"三点合一",还应围绕课程教学体系来挖掘课程思政元素。如图2所示,围绕课程教学的目标、内容、模式、方法、资源、工具等方面,从学校人才培养定位、课程教学内容体系、课程教

学方法体系、课程教学支撑体系入手,进行课程思政元素和课程思政融入点的挖掘、梳理、整理、建设和实施,开展课程思政教学资源和教学工具的建设与开发,形成专业课程的全环节、全过程、分布式、融入式的思政元素体系。在此基础上,为保障思政元素体系有机融于专业课程的教学目标、教学内容体系和教学方法体系之中,可以通过教师的课程教学、言传身教,潜移默化地引导和传递给学生,达成春风化雨、润物无声的育人目标。

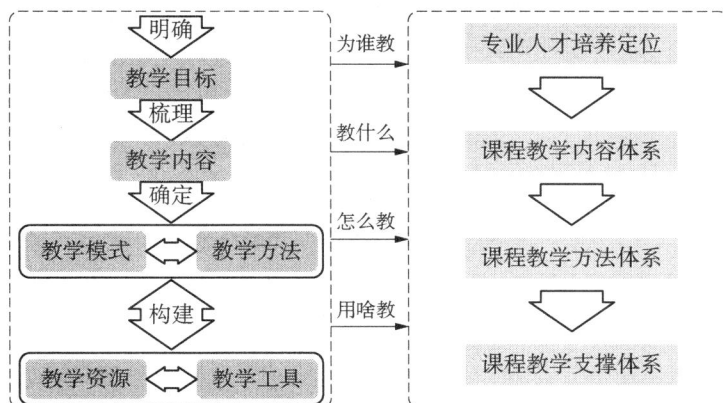

图2　课程教学体系与思政元素挖掘

4.3.1　课程教学目标中融入思政元素

课程教学目标中应加入课程思政的育人目标,可以通过在专业培养目标中的定位来确定不同课程相应的课程思政育人目标和任务。首先,可以根据课程所归属或服务的学科和专业来进行挖掘,包括学科与专业的形成背景、发展历程、现实状况及未来趋势等,特别是所涉及的重大工程和科学技术发展成果,科学家或模范人物事迹,学科专业相关的生活实践、教学实践、科技实践等,挖掘其中所蕴含的使命感、责任感、爱国精神、奋斗精神、开拓创新精神等思政育人元素。其次,可以结合学生未来可能要从事的领域和工作的职业素养的要求进行挖掘,增强课程育人的针对性和实效性,提升学生的职业发展能力。

以"设计与制造Ⅱ"课程为例,如图3所示,该课程结合国家发展对现代机械和机器自主创新研发能力培养的战略需求,融入上海交通大学关于现代机械和机器创新设计理论方法的相关研究成果,帮助学生初步建立关于现代机器的基本概念、基本方法、基本工具和创新思维,为今后投入制造强国和创新型国家的建设打好专业创造能力的根基。课程教学目标旨在让学生了解机器和机械设计的发展历程和内在逻辑,初步熟悉机电产品开发过程,理解和掌握基本机构、机械传动、机械零件的设计知识以及机械标准件、各类驱动器、传感器等设计选型等知识,通过项目制作来实现对机电产品所涉及的机械原理、机械零件、驱动传感、能源动力等设计知识的运用,积累机电产品设计的基本经验,培养学生机电产品方案的创新设计能力,为学生今后从事现代机电产品的创新设计、开发、研究和应用打下坚实的学科基础。

课程案例："设计与制造Ⅱ"   机械制造业：创新能力

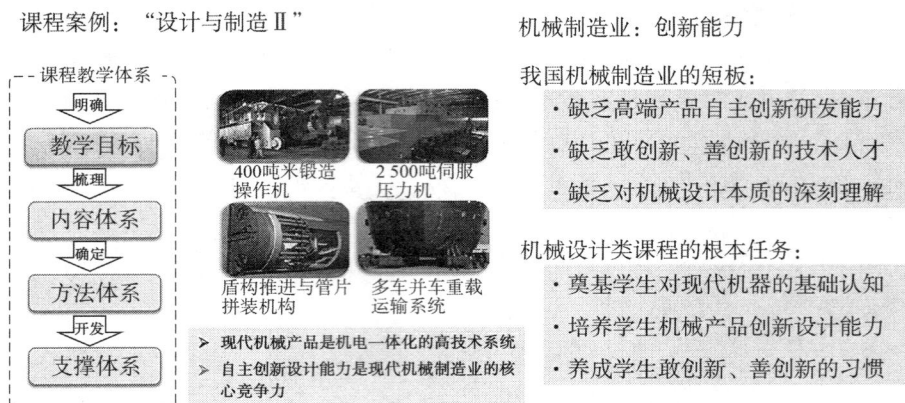

我国机械制造业的短板：
- 缺乏高端产品自主创新研发能力
- 缺乏敢创新、善创新的技术人才
- 缺乏对机械设计本质的深刻理解

机械设计类课程的根本任务：
- 奠基学生对现代机器的基础认知
- 培养学生机械产品创新设计能力
- 养成学生敢创新、善创新的习惯

图3　课程教学目标中的课程思政元素挖掘

4.3.2　课程教学内容体系中融入思政元素

课程教学内容体系中可以合理融入知识、技能类、能力类的课程思政元素。一方面，可以结合中华五千年文明史和中国特色社会主义伟大实践中的发展成就进行挖掘，注重优秀文化对学生成长的浸润熏陶。根据专业知识点的教学需要，精心选取实践成果进行案例教学，分析阐释蕴含其中的理论逻辑、历史逻辑和实践逻辑，激发学生专业热情和家国情怀，增强课堂育人的效果。另一方面，可以结合国内外时事和科技，引导学生用唯物辩证方法认识并分析问题，更深刻地认识世界、理解中国，增强民族自信心和社会责任感。对于机械类专业课程来说，更加注重学生科学思维方法的训练和科技伦理教育，培养学生探索未知、追求真理、勇攀科学高峰的责任感和使命感，培养学生精益求精的大国工匠精神。

以"设计与制造Ⅱ"课程为例，如图4所示，课程引入了教学团队的研究成果，补充了机器认知、机器设计两个知识板块，从产品自主创新设计的视角引导学生理解和熟悉现代机器的基本理念、设计过程和基本方法，构建发明、设计新机器的核心能力。

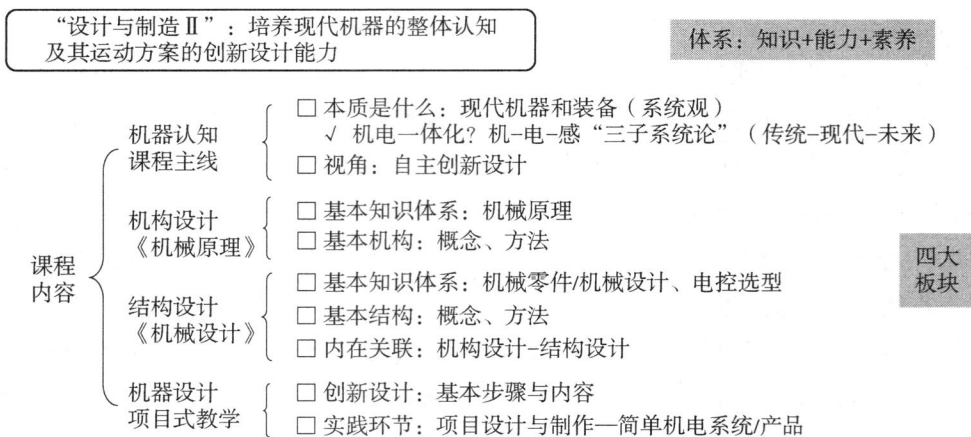

图4　课程教学内容体系中的课程思政元素挖掘[3]

4.3.3 课程教学方法体系中融入思政元素

课程教学方法体系可以融入能力类、素养类、行为类的课程思政元素,包括马克思主义的立场观点方法、科学精神、工程伦理、精益求精的大国工匠精神、科技报国的家国情怀和使命担当等,提高学生正确认识问题、分析问题和解决问题的能力。

以"设计与制造Ⅱ"课程为例,如图5所示,课程引入教学团队关于企业产品设计过程的研究成果,提出了"双主线并行"课程项目式教学法[见图5(a)],包括规范师生角色的"马拉松"模式、规范课内-课外关系的"双主线并行"模型、激发学生好奇心和创造力的微科研训练技法等,并依托课内-课外"双主线"提出的融入式课程思政教学方法[见图5(b)]和全过程全要素的课程综合性考核方式[见图5(c)]。

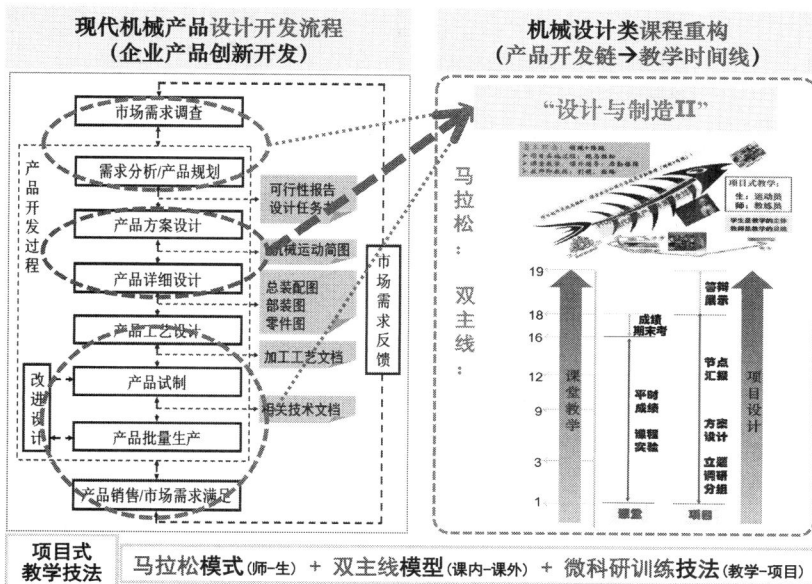

（a）

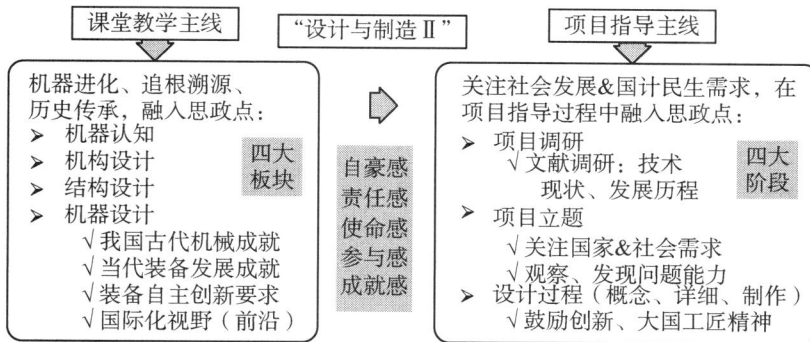

（b）

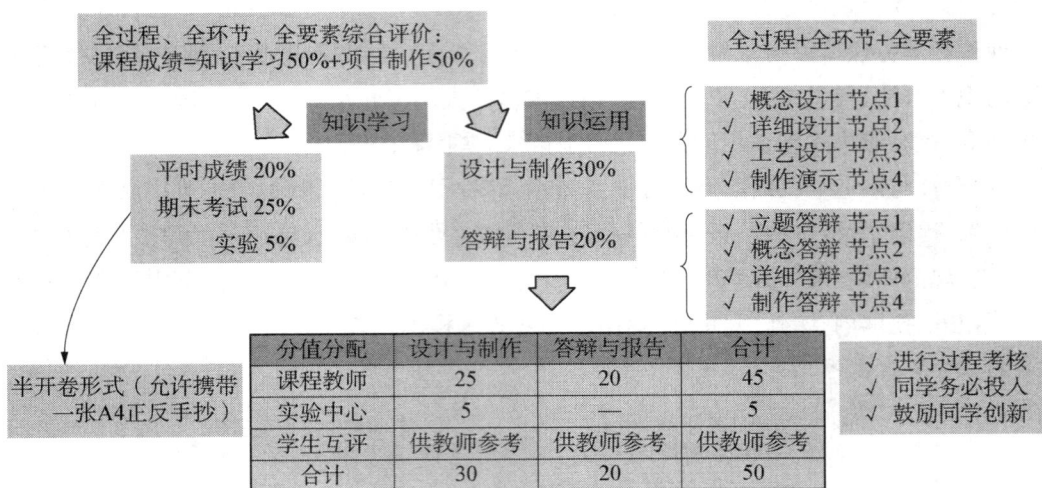

（c）

图5　课程教学方法体系中的课程思政元素挖掘

（a）"双主线并行"课程项目式教学方法；（b）融入式课程思政教学方法；（c）全过程全要素的课程综合性考核方式

4.3.4　课程教学支撑体系的建设和选择注重思政元素

为配合搞好课程思政育人工作，在教学资源的选用或建设的过程中就特别注重思政元素。包括选用优秀的教材、大学MOOC上的优质资源、国家双一流精品教学资源、虚拟仿真实验课程、海外经典机械类课程教材、优秀教辅材料等优质教学资源。教学团队同时开发了融入新成果、新观点、新方法，提升课程的先进性、时代性的自编讲义、自编教材等。

以"设计与制造Ⅱ"课程为例，课程教学团队开发了在线课程，在中国大学MOOC、好大学在线发布。此外，还开发了机构简图测绘、凸轮机构、齿轮机构与传动等虚拟仿真教学实验，以辅助课程教学。这些教学资源在2020年新冠疫情期间被教指委推荐给全国高校使用，为抗击疫情、保障教学起到积极的支撑作用。

5　"设计与制造Ⅱ"课程思政教学实践

"设计与制造Ⅱ"课程是上海交通大学机械工程专业大三学生的专业基础课，其学科性和实践性强，采取项目式教学方法，其一方面贯彻上海交通大学"四位一体"育人理念；另一方面遵循教育部"两性一度"要求，着力将价值塑造、知识传授和能力培养紧密融合，采用了以倾力打造专业金课和倾心打磨金课思政为一体两翼的课程建设总体思路。具体做法如下。

第一，发挥上海交通大学在机构与机器人学研究上居于国际先进水平的学科优势，以科研反哺教学。突破机械原理、机械设计课程框架，从制造强国发展战略和现代机器自主创新设计的视角融合并重构课程内容体系，培养学生机械创新设计的核心能力；重构并提出"课堂专业教学和课外项目训练双主线同步开展、课堂教学服务课外项目、课外项目反促课堂学习"的项目式教学方法,落实"学生中心""教师主导""知行合一"的教学理念和"两性一度"要求,打造浸润思政育人元素的"专业金课",做到"食材"优质。

第二,围绕"设计与制造Ⅱ"课程的专业背景优势,紧扣"国家创新驱动发展战略"时代背景,精心打磨"金课思政",将中华民族的机械发明创造史、国家伟大复兴的科技强国发展战略、科学精神和大国工匠精神、当代青年的历史使命和责任担当有机融入课程专业知识点和能力点,通过案例式教学和项目式教学,达成"春风化雨""润物无声"的育人目标,实现"调料"精致而丰富,"烹饪"精湛而入味。

"设计与制造Ⅱ"课程的思政育人教学方式多样而丰富,课程思政育人实践成效显著,课程教学得到了学生好评。每学年各平行班近百个学生小组均围绕社会民生和经济建设需求进行项目立项,体现出学生们关注人类、国家、社会和民生需求的人文情怀和学以致用、回报社会的家国情怀。同时,学生的作品还体现出了良好的创新性,申报了多项发明专利,近两年获得机械创新大赛国家级和市级一等奖近20项。各项作品都能充分体现出学生的创新精神、精益求精的工匠精神和解决社会关切的家国情怀与使命担当意识。

"设计与制造Ⅱ"课程的思政育人经验受到广泛关注,课程案例于2020年入选上海市教委《课程思政——教学设计选编》,2021年入选新华思政示范课程和名师团队,在新华网新华思政平台展示并曾入选平台主页"热门课程思政资源""重点推荐课程""课程思政案例课程——排行榜"等栏目。课程和团队入选了2021年国家级课程思政示范课程、教学名师和教学团队。此外,教学团队还承担了上海市教委首批指南编制专项《机械类专业课程思政教学指南》研制和编撰任务。

6 结语

课程思政育人如烹小鲜,需要做到"食材"好、"调料"好、"烹饪"好,三者缺一不可。教书和育人永无止境,课程思政建设需持续深化和改进,包括以下3个方面。

(1)课程思政建设的规律性、体系化研究工作需要进一步加强。从课程的教学目标、教学内容体系、教学方法体系、教学支撑体系等方面持续改进和深化思政元素的融入和挖掘,建设课程思政教学案例库。

(2)课程团队的思政育人能力需要加强。很多课程团队还存在不同教师的思政育人能力参差不齐的情况。如何鼓励整个课程团队的教师都能充分发挥各自的专业背景优势挖掘相应的课程思政元素育人,以及如何通过集体备课、教学研讨、教学培训、资源开发等活动,提升课程团队和课程教师的思政教学能力,实现课程思政教学实践的百花齐放需要继续深入的研究和探讨。

(3)课程思政建设质量的考核评价指标体系需要深入的研究和创建。当前课程思政建设面临的难题之一就是如何评价课程思政的建设和育人成效?如何优化全过程全要素的课程考核综合评价，引导课程建设不断提升品质？未来的研究需要聚焦于此，使课程思政建设进入更高阶、更具内涵的阶段。

参考文献

［1］ 新华网. 习近平：把思想政治工作贯穿教育教学全过程［EB/OL］. ［2016. 12. 08］. http://www. xinhuanet. com/politics/2016-12/08/c_1120082577. htm? f_ww=1.

［2］ 本报评论员. 沿用好办法改进老办法探索新办法——三论学习贯彻习近平总书记高校思想政治工作会议讲话［N］. 人民日报，2016. 12. 11(1).

［3］ 郭为忠. 机械设计基础课程的三维度重塑研究——以上海交通大学"设计与制造Ⅱ"课程为例［J］. 教学学术，2021，(1)：107－120.

"Three-Good" Cooking Theory: Teaching Design and Practice of Values Education through Curriculum

—a case study of Emerging Engineering Course "Design and Manufacture Ⅱ" in Shanghai Jiao Tong University

GUO Weizhong

Abstract：The Values Education through Curriculum（VETC）lives in life-giving spring breeze and rain and silent moisturizing. To define the VETC, a "Three-Good" Cooking Theory is put forward with three key elements. Firstly, the feature of leading ahead, changing in time and keeping openness is ensured for curriculum knowledge system by improving teaching via scientific research. Secondly, the classification of the VETC elements is given from the perspective of curriculum teaching, and a Three-in-One method is proposed to excavate the VETC elements from the curriculum teaching system by merging knowledge point, ability point and VETC point. A VETC integrated teaching style is adopted to construct the VETC teaching system over the whole process and chain without dead angle, and to merge the VETC elements into the process of knowledge teaching and ability cultivation. The teaching practice of Design and Manufacturing II course verifies the proposed idea.

Key words：Values Education through Curriculum；fundamental rule；"Three-Good" cooking theory；Three-in-One method；merge-integrated teaching

聚焦于"文化自信"的土木工程专业课程思政育人效果研究

王艺霖　李秀领　张玉明

摘　要: 为深入贯彻"文化自信"理念、提升课程思政育人的深度与广度,探讨了将传统文化经典与土木工程专业课程进行创造性结合的课程思政新方式。新方式以格式塔(Gestalt)学习理论为指导,主要包括制作具备传统文化经典特色的专业课程课件,创作深度融合传统文化经典与土木工程专业重点课程的系列化特色作品,制作兼具专业性与趣味性的漫画、动漫作品三个方面的内容。通过在课堂内外的实施,发现这种新的思政育人方式可达到激发学习兴趣、提升人文素养和文化自信的效果,同时也可以促进学生对专业知识的理解与吸收,促进学生对于知识本质的理论建构。

关键词: 文化自信;格式塔学习理论;土木工程;思政

1　引言

作为世界上历史最为悠久的国家之一,我国的重要根基是光辉灿烂的中华文化。作为一名中国公民,应当充分认可中华文化的价值并积极践行,对中华文化的生命力持有坚定的信心,这就是"文化自信"的理念[1]。作为高等教育机构,在新时代大力强化文化自信教育,是坚定大学生的爱国信念、增强国家凝聚力、确保国家繁荣昌盛的重要举措。因此,应在多维度、深层次上不断强化文化自信教育,促进育人实效的提升[2-3]。

对于各高校的理工科专业来说,在强化文化自信教育方面面临着较大的困难。理工科专业涉及的主要是自然科学与工程技术知识,专业课程又以计算、分析、实践为主。这种情况下要在专业教育中实现文化自信教育的自然融入,达到技术教育与思政育人的共赢、开辟课程思政的新领域,需要进行深入的专题研究。

作者简介: 王艺霖,副教授,博士,主要从事土木工程方面的教学和科研工作,Email: xgwang_wang@163. com;李秀领,教授,博士,研究方向:工程抗震与加固改造、结构火灾行为及性能化设计等,邮箱 11795@sdjzu. edu. cn;张玉明,女,副教授,博士,研究方向:建筑结构加固改造,邮箱 11801@sdjzu. edu. cn。

基金项目: 山东省高等学校 2020 年课程思政教学改革研究项目(SZ2021010);2020 年山东省本科教学改革研究项目(M2020211)。

　　如果从"万事万物普遍联系"的哲学观点出发,理工知识与人文知识是具有内在结合点的。在综合化已成为现代工程教育发展趋势的情况下,高等教育本身不仅要传播知识,更要培养学生具备成熟正确的人生观和价值观、活跃的创新思维、较强的创新能力。要达到这一教育目标,仅依靠专业知识的传授是不够的,还需要在整个大学教育中全面穿插、渗透文化教育[4]。因此,理工科专业除了传授自身的专业领域知识外,还应在文化的继承与发扬上有所加强,树立自己的独特优势,用人文气息去感染学生,用人文精神去引导学生[5]。文化本身包含的内涵比较丰富,为强化"文化自信",最应关注的是中国传统文化经典,尤其是其中的突出代表——四大古典名著。通过深入探讨古典名著元素与理工科专业课程的有机结合方式,有望增强文化自信教育的宽度与深度,在课程思政的研究领域取得突破,实现思政与专业教育的共生双赢、创造性地引导学生提升"文化自信"并激发专业兴趣。

　　目前国内外学者在传统文化经典与具体专业领域的交叉融合方面做了一些研究工作,但与理工科专业直接相关的研究还比较少。例如,成君忆创作了结合《三国演义》与管理学的著作《水煮三国》[6];信亦林将《三国演义》与高中班级管理结合起来,进行了应用层面的研究[7];丁钰媛[8]探讨了《三国演义》中的人力资源思想对现代企业管理的启示;张苏君[9]从《水浒传》中王伦的故事出发探讨了管理学理念;沈鹏[10]探讨了《西游记》与传播学的结合点;韩垚[11]采用管理学中的 Hackman 团队效能模型从团队设计、组织因素、团队协同、过程绩效标准、团队效能方面具体分析了唐僧的高效西游团队;邱海燕[12]深入探讨了《红楼梦》中的管理学要素等。在经济学方面:陈庆[13]从人文经济学的角度探讨了《红楼梦》中贾府的经济困境。在审计专业方面:袁敏[14]从《红楼梦》中的平儿角色出发探讨了对内审专业的启示。在建筑学专业方面:刘宁[15]剖析了《红楼梦》中的建筑学元素,并探讨了其在灯具设计中的应用。

　　本文以一个典型的理工科专业——土木工程专业为例,尝试在格式塔(源于德文 Gestalt,本意为"整体或完整的图形")学习理论的指导下,把传统文化经典与专业课程进行创造性地有机融合,建立聚焦于"文化自信"的课程思政新方式,有望达到激发学生的学习兴趣,增强学生的学习趣味,从而提升课程思政教学的深度与广度,促进全过程与全面育人的效果。

2　聚焦于"文化自信"的课程思政教学设计

2.1　格式塔学习理论

　　本研究聚焦于"文化自信"的课程思政新方式主要以格式塔(Gestalt)学习理论为指导。所谓"格式塔",在教育学中可理解为一个由显性知识、隐性知识、感受等组成的混沌共同体[16]。格式塔学习理论是建构主义[17]的组成部分,主要用于解释经验学习模型中的"抽象概念化"思维过程。该理论认为学生知识体系的形成会经历格式塔、图示(Schema)、理论(Theory)三个层次,在学习课程知识的过程中,学生在初始阶段会接受一部分显性和隐性知识,同时对知识产生一定的感受,但广度和深度都还远未达到理解与掌握知识体系的程度,只是在大脑中形成了一个混沌状态的知识共同体(即"格式塔"),如果继续进行条件化的重复性学习,则属于采用了最低级的学习方式,难以获得学习效果的快速提升,甚至会始终保持在一知半解的状态。为此,应采用"掌握关系→理解"的学习方式,一旦学生在一些学习情境、实践场景中感知到了课程知识体系中的各种关系,就能快速达到"理解"的程度,用形象化的方式来描述就是破除了知识共同体的混沌状态、触发了格式塔,进而可通过对学习经历的深入反思与消化到达图示化层次,在大脑中形成概念化的知识关系,随后通过经验的不断累积与反思的不断深化而上升到理论成型的层次,实现对知识本质的理论建构,达到深度掌握课程知识的效果。在格式塔学习理论中,难点在于格式塔的触发和升级,以及从图示到理论的升级。为了更有效地促进这两个过程,需要不断开发新型的教育与学习方式来强化知识体系中的各种关系,促进学生的理解。将传统文化经典与专业课程创造性地有机融合起来,恰好能满足这种需求,是一种值得大力开发的全新方式。通过在专业课程中融入传统文化经典元素,可以为同学们打开一个全新的学习视角,以及进行专业知识反思的全新视域,创造性地展示课程知识点的内部关系,在触类旁通中更好、更快地触发格式塔,在深入理解中更好更快地升级格式塔,同时提升对理论知识的吸收与归纳水平,更好地将图示化知识提升到理论层级。在这一过程中可自然实现与传统文化经典的深度结合,在专业课程中增强思政氛围、深度强化"文化自信"理念,显著提升课程思政的实效。

2.2　课程思政教学设计的具体做法

(1)挖掘传统文化经典中涉及的土木工程元素,与相应的专业课程结合后制作具备传统文化经典特色的专业课程课件。这些课件用于课堂教学和课外辅助学习,可促进学生理科思维与文科思维的碰撞,使学生得到全新的学习感受,帮助学生在接受课程知识的初始阶段能更好地吸收显性知识、发掘隐性知识、提升学习感受,有利于减轻知识共同体的混沌程度,有助于格式塔的触发。

(2)将传统文化经典与重点专业课程进行合理有机的深度融合,创作系列化的特色作品。具体有两种创作方式:一是在耳熟能详的经典故事中穿插融入土木工程专业课程的知识;二是基于经典故事的经典人物形象,自编一些故事情节来串联起土木工程专业课程的主要知识点。这两类特色作品主要用于课外辅助教学,都能以全新的方式来展示课程知识体系中的各种内在关系,给学生提供理解课程知识的新视域,系统化地给予学生全新的专业学习感受,创造新颖的学习经历,帮助学生进行生动趣味化的学习反思,实现格式塔的触发及升级。

(3)为促进学生尽快到达"图示"层次,同时结合当下移动互联时代学生普遍具有的认知特点——"看图理解"[18],可对融合传统文化经典与专业课程内容的特色作品进行合理改造,制作成兼具专业性、知识性、生动性、趣味性的漫画、动漫作品。这些作品可更形象地展示出课程知识体系中的关系,同时直接以图形化的方式促进学生的学习反思并构筑起图示层次的知识体系，为理论层次的知识建构打下坚实基础。更形象的做法解释如图1所示。

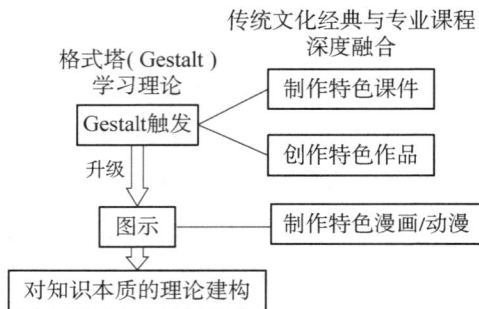

图1　课程思政新方式示意图

3　实施案例

聚焦于"文化自信"的课程思政新方式已在山东建筑大学进行了实施，主要选取了四大名著中的《三国演义》《西游记》与土木工程专业的重点课程进行了传统文化经典与专业课程的深度融合。

3.1　引入《三国演义》元素的课程思政教学设计

3.1.1　挖掘《三国演义》原文中的土木工程元素，与相应的专业知识进行对应，进而融入对应的课件之中，制作成具有三国特色的课件用于课堂教学

《三国演义》原文的第1、2、6、7、12、18、22、33、34、35、36、37、39、41、47、48、49、51、54、59、61、63、69、74、78、84、85、89、92、94、97、99、102、105、107、108、109、120回中都包含土木工程相关的元素，比如地震、木材、钢铁材料、风荷载、雪荷载、混凝土材料，以及土木工程材料的某些特性等，将这些元素与土木工程课程的知识点进行结合，就是一种自然而然的思政融入。

例如，在第一回"宴桃园豪杰三结义，斩黄巾英雄首立功"中，提到了"建宁四年二月，洛阳地震；……五原山岸，尽皆崩裂"，用于"建筑结构抗震"课程第一章的课件之中，作为地震的一个生动实例。同样在本回，还提到了中山大商赠送了刘关张兄弟3人镔铁1000斤，刘备用它打造了双股剑，关羽用它打造了82斤的青龙偃月刀，张飞打造了丈八点钢矛，3人各置全身铠甲。这段细节用于"土木工程材料"课程中钢材一章的课件之中。在第六回"焚金阙董卓行凶，匿玉玺孙坚背约"中，提到王莽焚烧长安，使之成为瓦砾之地，以及董卓说长安靠近陇右，容易得到木石砖瓦来营造宫室，这部分可用于"砌体结构"课程绪论章节的课件之中，作为砌体结构的早期应用实例之一。同类的实例还包括第18回"贾文和料敌决胜，夏侯惇拔矢啖睛"中提到的"宛城东南角砖土之色，新旧不等"；第34回"蔡夫人隔屏听密语，刘皇

叔跃马过檀溪"中提到的曹操修筑铜雀台时"破土断木,烧瓦磨砖";第 37 回"司马徽再荐名士、刘玄德三顾草庐"中有多处刘备在大雪天寻访诸葛亮时对雪景的描写,这些都可以用于"荷载与结构设计方法"课程中雪荷载章节的课件之中,使得偏于计算的工科内容有了显著的人文特色。

3.1.2　将《三国演义》与"混凝土结构"课程进行深度融合,创作出系列化的特色作品

"混凝土结构"课程主要讲述钢筋混凝土基本构件和结构的受力性能及设计计算方法,这是从事土木工程行业的学生将来运用最多、最广的专业知识课程之一。但在实际教学中该门课程存在学生较难掌握、教师较难教授的"两难"问题,需要从多方面进行改革与提升工作。为此经过深入探索,引入《三国演义》元素全新阐述了该课程的重点内容,出版了《钢混三国》[19]《钢混蜀汉传奇》[20]两部特色著作。这两部著作的特点就是通过生动有趣的传统古典名著中的故事来诠释专业知识,从全新的视角来展示知识体系中的内部关系,帮助学生加深对一些关键概念和要点的理解,进而促进对整个知识体系的理解。其中,《钢混三国》采用三国中的著名人物形象,通过精心的情节设定和对话编排,按照一个与常规教材不同的逻辑框架(从整体到局部、从宏观到微观)来清晰、简洁、全面地介绍了钢筋混凝土框架结构的设计理念、基本构造、分析和设计方法等重点内容;《钢混蜀汉传奇》则将三国著名人物的内在性格特征与课程中的重要概念或元素进行了对应,然后以三国中蜀国的发展历程为基本主线建构了内容框架,书中分 3 卷 18 回,在每一回中都穿插着对土木工程相关专业知识的介绍,这也是一种对课程知识体系内部关系的全新展示方式。这两部作品的纸质版主要作为教辅书籍在课外使用,电子版则通过微信公共号等渠道供读者在网上阅读。

3.1.3　制作多部有机融入《三国演义》的动漫作品

为进一步提升知识传递的趣味性、激发学习兴趣,还联合专业的美术人员制作了多部有机融合《三国演义》与专业课程内容、兼具专业性与生动性的漫画、动漫作品,如《三国风云——混凝土结构设计方法》等(见图 2)。这些作品以三国元素的图形为主要表现形式,可在课堂内进行直接展示,也可在课外通过微信、微博等方式进行高效推送,从而实现辅助教学的作用。

图 2　融合《三国演义》元素的漫画作品实例

3.2 引入《西游记》元素的课程思政教学设计

作为与《三国演义》同样有巨大影响力的名著《西游记》，由于故事精彩、人物形象经典而长盛不衰，在全国各类人群中都有着巨大的影响力。与《三国演义》相似，主要从四方面进行课程思政教学设计。

3.2.1 挖掘《西游记》原著中的土木工程元素，与相应的课程专业知识进行对应，进而融入对应的课件之中，制作成具有西游特色的课件用于课堂教学

通过深入挖掘，发现《西游记》原文第 2、3、4、6、7、8、14、16、17、19、20、21、22、23、24、28、30、32、34、36、37、40、42、43、44、45、47、48、49、50、51、52、55、59、60、64、66、67、69、70、71、73、74、75、77、79、80、81、82、85、86、87、88、89、90、92、93、94、95、98、99、100 回中都包含有土木工程元素（如砌体结构的构造柱、混凝土构件中的箍筋、砖瓦材料、木材、钢铁材料、石灰、雪荷载、风荷载、冰压力、水浮力、混凝土组成材料、工程材料的密度及腐朽等）。例如，第 3 回"四海千山皆拱伏，九幽十类尽除名"中提到孙悟空去龙宫借兵器，最终找到金箍棒的故事。这中间多次提到各类钢铁材料，可将本段用于"土木工程材料"课程中钢材一章的课件之中。钢材这一章的应用实例还包括第六回"观音赴会问原因，小圣施威降大圣"中对木叉和悟空用兵器对打的情节、太上老君用金刚琢打悟空的情节等。第 16 回"观音院僧谋宝贝，黑风山怪窃袈裟"中有大量观音院放火的情节，木质的房子被坏主持指使人焚毁，这个故事可用于"土木工程材料"课程中木材一章的课件之中，成为木材怕火的生动案例。第 17 回"孙行者大闹黑风山，观世音收伏熊黑怪"和第十九回"云栈洞悟空收八戒，浮屠山玄奘受心经"中都提到了"烧窑""破瓦窑"等词，这些可用于"砌体结构"课程中材料类型介绍章节的课件之中，作为块体材料生产工艺中的生动实例。

3.2.2 将《西游记》中的故事等与课程内容融合，创新讲解专业知识

将《西游记》中"狮驼岭"的故事与"混凝土结构"课程进行创造性的有机融合，创作了一部表达混凝土框架结构核心知识点的特色作品"钢混西游"：通过狮驼岭上 3 个妖王与悟空及诸多神仙的斗法过程来巧妙地讲述有关混凝土框架结构的相关分析及设计的大量专业知识，从一全新视角展示了知识体系的内部关系，同时兼具有生动性、趣味性与知识性，既可以用于课内的直接展示，又可以通过微信/微博等方式进行推送。

3.2.3 将《西游记》与"土木工程材料"课程进行合理有机的深度融合，创作出系列化的特色作品

第一，在西游记经典故事（如取经系列故事、孙悟空大闹天宫等）中穿插融入课程知识。例如，在涉及房屋、建筑材料的桥段都艺术性地插入土木工程材料的有关知识，形成了以西游元素为主、专业知识为辅的特色作品《建材西游记》。

第二，基于西游记的经典人物形象，自编故事情节串联课程的主要知识点，形成以专业知识为主、西游元素为辅的特色作品《西游建材》。

这两部特色作品也可以分别用于课内展示与课外推送。

3.2.4　联合美术人员将《西游记》典型人物形象进行漫画化

制作了有机融合《西游记》与专业课程内容的 18 部《大话西游》系列漫画作品(见图 3),用于课内展示与课外推送。

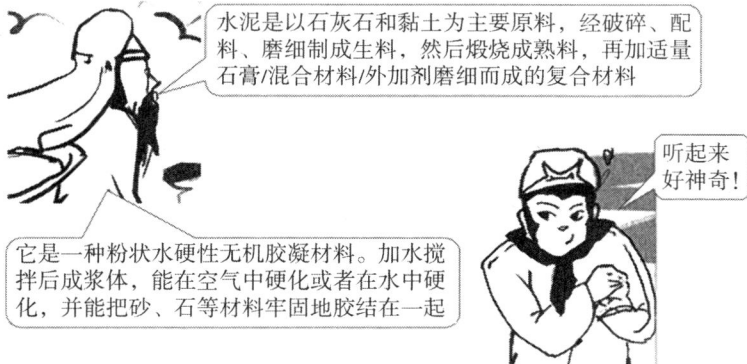

图 3　融合《西游记》元素的漫画作品示意图

3.3　实施小结及效果

总体来说,聚焦于"文化自信"的课程思政新方式主要从三方面进行了实施:在课堂上使用融合《三国演义》《西游记》等传统文化经典元素的特色课件;融合传统文化经典与专业知识的特色作品(《钢混三国》《钢混蜀汉传奇》《钢混西游》《建材西游记》《西游建材》等)既用于课堂辅助教学,又用于学生的课外自主学习;借助移动互联平台(微信公共号、微博等)进行了特色成果的快速高效传播,使思政教育实现全时空覆盖。

通过与学生的直接交流及问卷调查获取的反馈表明,融入传统文化经典的特色教学内容使课堂内较为枯燥的专业知识具备了一定的生动性和艺术性,提供了一个学习专业知识的新视角,用全新的方式展示出了课程知识体系中的内部关系,既能在"触类旁通"的层面上帮助理解重要知识点、实现"复杂问题的简单化",又能提升学习兴趣、提高学习效率,达到"寓教于乐、寓学于趣"的效果。有效触发了学习初级阶段的混沌共同体(格式塔),促进了学生对专业知识的反思、消化、吸收,以及自我图示化知识体系的建构。通过课内熏陶和课外推送的加持,激发了学生阅读传统文化经典原文的动力,促进了其文化素养的提升。也促进了学生在课外对专业知识的自主学习、提高了课外时间的利用率。同时,使学生们切实感受到了中华传统文化的博大精深与强大的扩展性,在内心深处增强了对中华文化价值的认同,强化了"文化自信"理念,提升了民族自豪感和爱国热情。

具体以"土木工程材料"课程为例,在 2021 年结课后通过微信公共平台进行了问卷调查,结果如表 1 所示。

表1　问卷调查结果

调查题目	反馈结果					
	完全达到		基本达到		未达到	
	票数	比例/%	票数	比例/%	票数	比例/%
您觉得本课程有没有达到强化文化自信的效果？	32	70	13	28	1	2
您觉得课程思政新方式对自我格式塔触发及知识体系构建的促进效果如何？	41	89	5	11	0	0

可见，认为课程达到或基本达到强化"文化自信"效果的评价达97%，认为课程思政新方式很好地促进了自我格式塔触发及知识体系构建的比例达到了89%，这验证了课程思政新方式的实施效果。

4　结语

为强化高校理工科专业的文化自信教育，本文以格式塔学习理论为指导，基于新时代大学生的认知特点，以土木工程专业为例进行了在专业课程中融入传统文化的经典元素，聚焦于"文化自信"的课程思政教学改革探索。分析与应用实践效果证明，本研究提供了一个全新的课程思政视角，强化了专业学习的生动性和趣味性，促进了"文化自信"理念的深度落实，同时能显著促进学生知识体系的自我建构。

限于时间和水平，本文在理论深度与应用广度方面还有很大的提升空间，今后将继续挖掘与发挥格式塔学习理论的引领作用，对格式塔的触发与升级机制进行更深入的剖析，继续创作形式多样、表现力强、入脑入心的高质量特色作品并探索更高效的传播媒体及方式，进一步促进格式塔"图示"到"理论"层面的高效升级，同时更自然、更深刻地强化"文化自信"理念，增强育人效果。此外，因各方面因素的限制，所使用的研究方法还不够规范，采用的研究工具（如问卷）还需要在信度和效度等方面进一步提升。

参考文献

［1］黎苏晓,林建辉.文化自信的价值意蕴及其培育路径[J].佳木斯大学社会科学学报,2018,36(2):47-50.
［2］黄发友,古慧敏.新时代大学生文化自信培育的价值、问题和路径[J].南京理工大学学报(社会科学版),2021,34(1):81-86.
［3］安莉.大学生文化自信教育研究[D].哈尔滨:哈尔滨师范大学,2020.
［4］李艳,朱佳斌.理工科高校如何推进人文社会科学的学科交叉研究——基于国内外三所高校的组织模

式分析[J].高等理科教育,2020,1:28-34.

[5] 张新,张南.新建工科本科高校的人文教育刍论[J].重庆科技学院学报(社会科学版),2018,2:109-110,121.

[6] 成君忆.水煮三国[M].北京:中信出版社,2008.

[7] 信亦林.从《三国演义》中悟高中班级管理策略[J].中学教学参考,2020,30:95-96.

[8] 丁钰媛.《三国志》人力资源思想对现代企业管理的启示[J].现代营销(信息版),2020,2:140-141.

[9] 张苏君.梁山原寨主王伦:管理者四忌,一个都别碰[J].人力资源,2018,421(2):92-93.

[10] 沈鹏.文化IP的三阶段传播过程——从西游IP来看[J].传播力研究,2020,86(2):21-22+24.

[11] 韩垚,张辉.从Hackman团队效能模型浅析西游团队[J].智富时代,2019,10:1-2.

[12] 邱海燕,徐刚.名著《红楼梦》中的管理学研究[J].管理观察,2019,22:81-82,86.

[13] 陈庆.贾府的经济困境与大观园之梦的破灭——《红楼梦》的人文经济学考察之一[J].哈尔滨工业大学学报(社会科学版),2019,1:84-91.

[14] 袁敏.学习平儿做内审[J].财务与会计,2019,7:84-85.

[15] 刘宁,耿妙,苗艳凤.《红楼梦》建筑元素在灯具设计中的应用研究[J].美术教育研究,2019,19:70-71.

[16] 黄凌梅,钟秉林.建构主义视域下实习辅助课的启示[J].中国大学教学,2020(6):64-69+81.

[17] 刘晓玲,邵景玲,崔金磊,等.基于建构主义的课程思政教学模式探索与实践[J].青岛理工大学学报,2021,42(6):135-140.

[18] 董艳娜.线上/线下教学不同阶段大学生的认知特点研究[J].湖北开放职业学院学报,2021,34(22):158-159.

[19] 王艺霖.钢混三国[M].北京:清华大学出版社,2014.

[20] 王艺霖.钢混蜀汉传奇[M].天津:天津大学出版社,2017.

Research on the way of ideological and political courses for civil engineering majors to strengthen "cultural self-confidence"

Wang Yilin，Li Xiuling，Zhang Yuming

Abstract：In order to thoroughly implement the concept of "cultural self-confidence" and enhance the depth and breadth of curriculum ideological and political teaching，the idea of creatively combining traditional cultural classics with civil engineering professional courses was explored. The new method was guided by Gestalt learning theory，which mainly includes three aspects：the production of professional courseware with traditional cultural classics，the creation of series of special works that deeply integrate traditional cultural classics and key courses of civil engineering，and the production of professional and interesting manga/anime works. Through the implementation inside and outside the classroom，the new method can achieve the effect of stimulating learning interest，improving humanistic quality，and feeling cultural self-confidence. At the same time，it can also promote the understanding and absorption of professional knowledge，and promote students' theoretical construction of the nature of knowledge.

Key words：Cultural confidence；Gestalt learning theory；civil engineering；ideological and political

基于 ARCS 动机模型的"大学语文"教学设计及效果研究

田贵春

摘　要:"大学语文"是高校广泛开设的一门通识人文素养课,其教学目标是期望大学生在经典文献的阅读中受到感染熏陶,实现精神的成长、价值的塑造、人格的完善。"大学语文"在立德树人、课程思政育人方面有着独特的优势,但目前普遍存在学生的学习动机不足,育人效果不佳的状况。ARCS 动机模型的主要目的是围绕激发学生的学习动机来展开教学设计,把 ARCS 动机模型应用于"大学语文"教学设计的全过程,化外在的育人要求为学生内在的学习动机,是"大学语文"课落实立德树人,实现有效育人的重要探索。

关键词:"大学语文"教学;ARCS 动机模型;教学设计

1　引言

"大学语文"是工具性和人文性的统一,课程以丰富的经典文本为教学内容,以字词句篇为外在形式,在学生语言文字的应用能力培养方面发挥着重要作用。同时,经典文本承载着中华优秀传统文化,包含着丰富的爱国主义情怀、社会关爱情怀、个人优秀品质等社会主义核心价值观,以及革命文化教育、社会主义先进文化教育等素材,是落实立德树人,实现文化育人的重要阵地,在立德树人、课程思政育人方面有着独特的优势。但长期以来在教学上一直存在学生学习动机不足,育人效果不佳的情况。ARCS(attention, relevance, confidence, satisfaction)动机模型的主要作用就是通过围绕如何激发学生的学习动机来进行教学设计,实现学生的主动学习和兴趣激发。把 ARCS 动机模型应用于"大学语文"课程教学设计的全过程,化外在的育人要求为学生内在的学习动机,是解决"大学语文"课程学生学习动力不足、育人效果不佳的最佳手段,也是落实立德树人,实现有效育人的重要探索。

2　"大学语文"课程教学研究现状

近年来,关于"大学语文"教学的研究主要集中在三个方面。一是针对"大学语文"教学

作者简介:田贵春,女,讲师,文学硕士,汉语言文字学专业,邮箱:1107949075@qq.com。

的现状和问题提出改进措施。这类研究提出的措施通常比较宏观和笼统,可操作性不强,如:李云[1]分析了大学语文教学中的几种偏向与问题,并概括性地提出了以三全育人为目标,明确育人方向等四项措施。二是关于"大学语文"教学理念的研究,如:陈国恩[2]指出通识教学是"大学语文"课的发展方向,认为"大学语文"课要向人文素质课倾斜;胡倩荻[3]以陶行知"活的教育"思想为指导,针对"大学语文"教学现状提出了准确定位课程、合理分配课时、分层设计教学目标等改进意见。这类探索某种教育理念在"大学语文"教学中的应用研究,本质上也是有关"大学语文"课程性质定位的探索。三是关于"大学语文"教学实践和教学方法改进的研究。目前这类研究比较多,大致集中在三个方面:第一种是基于"十三五"教育规划和课程思政建设等新时代要求,拓展"大学语文"的教学内容和教学资源,并提出一些育人的方法和路径,如:陈晓峰[4]指出"大学语文"的教学内容涵盖了立德树人的丰富内涵,并提出了开展有效的课堂教学、提倡广泛的课外阅读、采取灵活的教学方法等实现立德树人的途径;张云云[5]探讨了将红色基因融入"大学语文"教学的意义和路径,这类研究集中于如何挖掘"大学语文"的课程思政元素,以及探索融入思政元素的教学改革路径。第二种是教学形式的创新,比如采用对分课堂教学模式、线上线下混合式教学法、专题式教学法、智慧课堂、活动教学等各种教学模式。第三种是根据不同的文学体裁针对性的探索有效的教学方法,如:白云玲[6]采用"问题导向"激发兴趣、"诗词诵读"体会情感、"诗词编创点评"感受活力、"诗词竞赛"展示风采等多维度古诗词教学法,调动学生学习古典诗词的积极性和主动性。有关教学实践和教学方法的研究无论是挖掘课程思政元素还是针对不同文学体裁的教学其实都落脚于寻找有效的教学方法,激发学生学习动机,提高教学质量。

总之,有关"大学语文"教学的研究基本都是基于现有的教学现状,围绕自身课程性质和教学目标,立足新时代,融合新技术,拓展教学内容,创新教学方法,目的是提高教学质量,更好地发挥"大学语文"课程的育人价值。要实现有效育人,最终要关照的是学生的学习效果。革新教学手段,创新教学方法都是为了激发学生的学习动机,调动学生的学习积极性,从而改善教学现状,提高教学质量。ARCS 动机模型以激发学生学习动机为目的展开教学设计,在英语、计算机等多个学科教学领域已取得有效成绩,目前该模型在"大学语文"教学中的应用还未见相关研究。

3　新时代的"大学语文"课程定位

"大学语文"通识课不仅要培养学生中国语言文字的综合应用能力,它也是学生人文素养培育的重要阵地。"人文"一词最早见于《周易》:"刚柔交错,天文也;文明以止,人文也。观乎天文,以察时变,观乎人文,以化成天下。"[7]结合今天的理解,"人文"有包含人类精神文明,礼仪教化之意。孔子用诗书礼乐来教育自己的弟子和老百姓,其中的核心就是"人文"知识及其教化作用。徐中玉先生认为"大学语文"课程的性质是工具性和人文性的统一,两者相互依存[8]。"大学语文"教学之本就是对"文本"的阅读理解和在赏析中感悟其中的"人文"精神、文明教化和价值引导，让学生在文学作品的阅读中受到感染熏陶，心领神会，自觉追求真、善、美，逐步提升精神境界，实现价值塑造、人格完善和文化育人。

2017年，国务院《国家教育事业发展"十三五"规划》指出，"把立德树人作为教育的根本任务……培育和践行社会主义核心价值观……让学生成为德才兼备、全面发展的人才"。这明确了"育人"的重要性，并提出通识教育和专业教育结合的人才培养方式。"大学语文"通识课中那些经典文学作品不仅承载着"中华优秀传统文化中讲仁爱、重民本、守诚信、崇正义、尚和合、求大同的思想精华"[9]，也包含着丰富的爱国主义情怀、社会关爱情怀、个人优秀品质等社会主义核心价值观，以及革命文化教育、社会主义先进文化教育等素材，是落实立德树人，实现文化育人的重要阵地。2020年教育部印发的《高等学校课程思政建设指导纲要》指出"全面推进课程思政建设是落实立德树人根本任务的战略举措，课程思政建设寓价值观引导于知识传授和能力培养之中，帮助学生塑造正确的三观"[10]。"大学语文"以丰富的文学经典为教学内容，以字词句篇为外在形式，在学生语言文字的应用能力培养方面发挥着重要作用。同时，文学经典中蕴含的丰富文化历史知识、哲学思辨、家国情怀等对于学生的价值引领和培育不容忽视。此外，中华民族文化发展的脉络都能在文学经典中追本溯源，品读经典对于增强学生的文化自信，树立中华民族的共同体意识，涵养社会主义核心价值观都有着重要的作用。可见，"大学语文"的课程性质本身就与课程思政和立德树人的理念一致。因此，探索新时代"大学语文"课程建设与教学改革应该围绕课程思政的主线展开，充分发挥"大学语文"课独特的文化育人优势，落实立德树人根本任务。

4 "大学语文"课程的教学困境

从以往的大量研究文献可见，"大学语文"的课程思政育人功能和文化育人优势是研究者有目共睹的。大部分学生对"大学语文"课程融入社会主义核心价值观、中华民族共同体意识等育人元素，引导学生树立正确三观的课程特征是肯定的。学生也能够感受到经典阅读的积极意义，内心是希望通过"大学语文"课来加强人文修养，得到价值启迪，收获成长的。但现实是这种师生共同期待的育人效果并没有很好地实现。加之"大学语文"作为一门通识课，从功利性的角度来说很多学生本来就不重视它。既不受重视，也不能满足学生的心理期待，所以我们在课堂上常常看到的现状就是学生都是"低头族"，或者默不作声、两眼无神，或者在做其他课程的作业，甚至有学生觉得"大学语文"课程没必要开设。这一切的原因不能简单地归结为学生的功利心和"大学语文"课程的边缘地位，更主要的原因还是课程本身缺乏吸引力，授课手段过于落后，课程内容过于死板。如何改变学生的旁观等待、被动接受、学习动机不足等情况，变被动的外在育人要求为学生主动探索的学习动机，提高学生在"大学语文"课程中的获得感，这是"大学语文"课程实现有效育人的关键。

5　ARCS 动机模型在"大学语文"教学中的应用

近些年关于"大学语文"教学的研究从课程建设、教材编制、课堂教学的组织方式、教学方法的改革、教学评价机制的变革等各方面进行了大量的探索。亦如教育部把立德树人成效作为检验学校一切工作的根本标准一样,对于课程教学以而言,教学目标的实现、学生的获得感是衡量教学成效的重要标准,也是"大学语文"课落实立德树人、实现育人目标的重要标准。因此,在 ARCS 动机模型的基础上,设计"大学语文"课程的教学内容、教学方法和追踪教学效果,能有效增强学生的获得感。

5.1　ARCS 动机模型

ARCS 动机模型最早由美国学者约翰·凯勒(John Keller)提出,他认为与学生学习动机密切相关的要素有 4 个,即注意(Attention,A)、关联(Relevance,R)、自信(Confidence,C)和满足(Satisfaction,S)。该模型"强调围绕学习动机的教学设计是核心,是达到预期教学效果的有力保障"[11]。近年来 ARCS 模型被广泛运用到多个学科的教学中,"大学语文"课程也可以从激发学生学习动机与维持角度探索有效的教学路径和方法。

ARCS 动机模型的 A(注意)要素是整个教学设计的起点,即教学内容或内容的呈现方式要使学生感兴趣,能够引起学生的注意。

R(关联)要素是指教学的内容应该和学生的实际生活与已有的知识经验能够产生联系。比如讲到"齐桓晋文之事"里面孟子的仁政思想时,其中包含了"重民、反对霸道、主张王道仁政"内容,这似乎离学生的生活很远,学生常常提不起兴趣。但如果联系到今天学生切身体会的新冠疫情之下,党和国家人民至上、生命至上的治国理念,联系到今天以人民为中心的发展理念,联系到中国在外交中的大国形象,学生就能更好地以历史的眼光理解和评判孟子的仁政思想,也就能理解中华民族文化的根源,增强民族文化的认同感,进而增强文化自信。仅有教师的教学设计来建立联系还不够,因为如果以传统灌输式的教学方式告诉学生这其中存在的联系,效果不一定会很好。

C(自信)要素是学习过程的自我效能感。要让学生有信心学会,相信自己能够完成学习任务,教师就要利用教学逻辑,梳理教学内容,合理设置教学活动,以学生为中心,通过小组合作、研讨等方式让学生参与进来,并提供支持性意见启发引导学生顺利完成教学任务,从而帮助其建立起继续深入学习的信心,使其不至于因为抽象难懂而学习动机受挫,进而放弃学习和思考。

S(满足)要素是指学生能在学习过程中体验到获得感和满足感。学生在老师的引导下收获了知识,得到了启发,有了自己对某个问题的思考和见解,就能激发学习动机,进而改善学习效果。

5.2 基于 ARCS 模型的"大学语文"教学设计

基于 ARCS 动机模型的教学设计，核心是调动学生在整个学习活动中的积极性和主观能动性，从吸引学生的关注和兴趣，到与学生的现实生活和已有知识经验建立联系，再到学习过程中信心和自我效能感的建立，学习的收获和满足，整个过程都是以学生和学习效果为中心，聚焦教学目标的有效实现。基于 ARCS 动机模型的"大学语文"教学设计，是把"大学语文"课程立德树人、课程思政的育人目标从外部要求转化为学生内在学习动机的一种探索。

5.2.1 教材改革与教学内容的确定

教学内容是教学设计的前提，而教材是教学内容的依据。所以"大学语文"教学设计的探索首先要关注教材和教学内容。李军等人指出目前市面上的《大学语文》教材种类繁多，"有相对比较通行的，如华东师范大学出版，徐中玉先生主编的《大学语文》，也有很多高校自主编写的校本《大学语文》教材"[12]。在立德树人、课程思政育人新理念下，这些教材有很多优点，也有需要改进的地方。由于"大学语文"课程本身的人文性和育人本色，以专题形式编写的方式是值得提倡的一种方式。比如胸怀天下专题，传递的是爱国主义和社会关爱情怀，其课程思政育人目标很明确。在立德树人、课程思政育人的理念下，专题的设置应当围绕优秀传统文化、革命文化、社会主义先进文化和社会主义核心价值观等内容精心设计。同时基于 ARCS 学习动机模型的理念，专题的设置还应当考虑新时代青年学生的成长需求和兴趣偏好，可以通过大范围的学生需求或兴趣偏好问卷调查，结合学生重点关注的问题合理设置。此外由于学校性质和专业领域的差异，专题内容的选择还应该体现出差异性。但这并不意味着不同学校不同专业都要编写自己的"大学语文"教材，而是教材内容需要由教师根据不同学校不同专业的特点进行动态调整，以达到因材施教，有效育人的目的。比如公安政法院校，在选用徐中玉先生编写的教材基础上，在教学内容中可以适当增加法治专题，如选讲"《孟子·离娄章》句上篇"时可以引导公安政法类学生理解孟子仁政思想中"不以规矩，不能成方圆""不以六律，不能正五音""不以仁政，不能平治天下"的先王之道。让学生思考什么叫"徒善不足以为政，徒法不足以自行"，进而引申到为何我国的法制思想的根本立足点是"坚持以人民为中心"和"法治为人民服务"。通过这些思考也能让学生进一步体会到中国的制度优势，以及中国特色社会主义法治区别于资本主义法治的根本原因。

5.2.2 从教学内容到教学目标的转化

以专题方式编写的教材每一个专题都可以聚焦于一个育人话题，在这些话题下面再选编相关的经典诗文。"大学语文"课虽然围绕着经典文本的阅读展开，但文本的阅读绝不能按着传统的背景介绍、文章解读、艺术分析这样的形式来进行，这种形式已经无法吸引当下的大学生了。对于"大学语文"课而言，知识与能力目标指向的是文本相关知识的掌握和文本内容的阅读理解能力。但这不是教学目标的全部，"大学语文"教学目标的最终指向是立德树人，是给予学生带来心灵的滋养，给学生带来启迪，进而达到价值观的塑造和人格的完善。如何从文本的阅读中实现情感态度价值观的塑造？这就要求教学过程的设计、教学方法的采用要尊重学生的认知规律，要调动学生的主动性，化外在的教学目标为内在的学习动机。在教学设计过程中，要把教学目标细化分解，形成由低阶目标到高阶目标的过渡。教学过程要以任务的形式串联起来，任务的设置要由易到难。要以学生为主体，注意激发和维持学生的学习动机。比如，讲仁者爱人单元孟子的"齐桓晋文之事"，情感态度价值观的目标之一是用自己的话描述孟子的"仁政"思想并能深刻认识孟子"仁政"思想的现实意义。怎样才能让学生全面认识"仁政"思想，仅仅把整篇文章读完是不足以在学生头脑中形成对"仁政"思想的全面认识的。教师可以基于 ARSC 动机模型设置教学任务，循序渐进引导学生进行主动探索。在此文之前可以先让学生选读一些《论语》中孔子关于"仁"的论述，让学生思考《论语》中孔子所讲的"仁"是什么？什么是"仁"的核心？在此基础之上再阅读"齐桓晋文之事"。在这一过程中可以用阅读报告作为引导，对于理解有困难的内容可以以线上讨论加线下互帮，外加教师引导来完成。完成第一个教学任务之后，就可以继续完成第二个教学任务，即归纳总结文中孟子的主张，思考孟子的主张和孔子的"仁"的关系，由此引出孟子"仁政"思想的概念。教师结合《孟子》中其他文本讲解孟子"仁政"思想的基本内容，和学生一起来探讨"仁政"思想的"性善论"基础，组织学生进行辩论，进而总结其与孔子"仁"的关系。这样，学生就能准确地描述"仁政"思想的来源和表现。但此时的学生还难以理解当今社会学习孟子"仁政"思想的意义和价值。接下来就涉及了第三个教学任务，即让学生分析比较"仁政"思想与当时的"霸道"思想之间的差异，讨论"霸道"思想与当今的"霸权主义"之间的异同。第四个教学任务就可以让学生列举出当下习近平治国理政思想中的哪些思想是传承和发展了孟子的"仁政"思想？在古今传承发展，中西正反对比之中，学生逐渐思考和体会到"仁政"思想的内涵，感受到中华文化传承发展的脉络，文化自信在无形中加以建立。第五个教学任务是让学生进一步思考"仁政"思想与今天的人民当家作主、"以人民为中心"的发展思想有何差别？从而对孟子"仁政"思想进行客观的历史评价。同时结合《觉醒年代》中建党片段的观看，这样就可以将"党史和制度""爱党爱国""四个自信"等课程思政的内容也在无形中融入。需要注意的是，在任务的执行中，教师的任务是引导，要让学生能够自主并成功地完成上述任务。这是基于 C（自信）要素的要求，让学生在完成任务的过程中逐渐形成自我效能感，从而激发他们主动参与的意愿。同时，学生在这一过程中也才会体验到满足感（S，满足）和获得感，进一步激发学习动机，进行主动思考。

5.2.3　创设情境，激发兴趣

教学内容和教学目标确立后，就要开展教学过程。首先要找到合适的切入点，要能引发学生的关注和兴趣，学生才会愿意学。"大学语文"课程的很多文本离我们的现实语境似乎很远，如果在课堂一开始就把话题放在过去的语境中，学生很容易缺乏学习动机。比如，徐中玉版《大学语文》第二单元"和而不同"，这个单元的最终教学目标是让学生能够清楚地解释中国思想文化中"和而不同"的哲学智慧，并能运用这样的智慧去面对和处理多元价值文化冲突、处理人与人、人与社会的关系等。但是这样一个充满哲学思辨的、抽象的概念，要从中国古代文化中去探源溯流引导学生深刻理解，并深受启发，进而用之指导实践是很不容易的，学生很可能会因为某一教学环节设置的不合理而放弃学习，最后只能是知其然而不知其所以然，更别说内化于心、外化于行了。因此，在教学设计时首先要引起学生的关注和兴趣，即创设情境，引发思考。比如，可以请一个宿舍的同学一起来说说宿舍成员中每个人的优点和彼此间的分歧，由此引出"和与同"的概念；接着引出《国语》中《史伯对桓公问》里与生活接近的例句"声一无听，色一无文、味一无果，物一不讲"，进一步引出史伯关于"和与同"的论辩"夫和实生物，同则不继，以他平他谓之和，故能丰长而物归之"。同样以"晏子对齐侯问"中"五味调和"这个接近生活的例子引出晏婴关于"和与同"的论辩，进而引出孔子在论辩基础上提出"君子和而不同"。通过对"和而不同"的意义演变进行梳理，在学生心中先建立起"和而不同"思想发展的脉络；然后可以进一步让学生阅读和选讲有关"和而不同"的文章，比如"容忍与自由"。通过文章的学习引导学生用"和而不同"的思想去认识和看待自己身边的人和事，反过来加深对"和而不同"思想的理解。

5.2.4　设置教学任务，达成教学目标

创设情境是为了引起学生对教学内容的关注，调动学习兴趣，下一步就是要引导学生针对教学内容进行学习和思考。要想在有限的课堂时间里要让学生主动探究学习，高效达成教学目标，可以采取线上线下相结合形式，很多文本阅读和背景资料可以通过线上平台让学生在课前完成。

（1）填写阅读报告，完成课前初读任务。通过创设情境使学生关注主讲话题之后，还要引导其进一步阅读文本，使其从文本阅读中领悟主题思想，启迪智慧。学生必须自己提前阅读才能进行后续的讨论和思考，但课堂时间有限，所以文本阅读要在课前完成。教师要在课前设置线上阅读任务，并检验完成情况。还可以通过让学生填写阅读报告、配合合理的评价机制等形式，增强学生的课前阅读动机。学生在阅读过程中会提出问题，同学之间开展线上讨论，进行生生交流。老师从中收集重点问题，进一步设计课堂活动。

（2）课前资料拓展，扩展知识宽度。由于"大学语文"课程文史哲不分的学科性质，一篇文章所涉及的背景知识有很多。比如徐中玉版《大学语文》"和而不同"专题下胡适的《容忍与自由》一篇，学生读懂字面意思不难，文章主要讲容忍对于自由的重要性。但作者在什么背景下提出此观点？作为新文化运动的旗手人物，自由主义思想的主张者，胡适为什么会提出容忍比自由更重要？胡适的自由主义思想包含哪些内容？为什么他的努力最终以失败告终？我们今天应当怎么看待胡适及其思想？面对多元价值冲突，甚至西方价值入侵，我们该如何应对？围绕专题育人价值所提出的一系列问题，都要建立在对文本的深入理解基础上，需要对相应的背景知识有广泛的了解。但是实践经验表明，以教师主讲的背景知识介绍学习效果不佳。所以为激发学生进行主动探索，资料扩展环节可以在正确的导向下通过教师建立资料平台，布置课前阅读任务，填写观读报告等形式引导学生顺利完成任务。

（3）参与课堂活动，自主思考讨论。通过线上平台，学生有了充分的课前观读准备，也会带着一些思考和问题进入课堂。课堂教师主要可以从学生课前学习的问题入手，利用教学逻辑，设置教学任务，以问题链的形式，层层推进教学过程。教师通过话题讨论、小组合作等方式，逐一探讨问题，在问题的探讨中完成价值引导和育人目标。基于 R（关联）要素，教师的问题设置要与学生的实际生活和已有知识经验产生联系，才能激发学生的情感关注和主动深入地思考。[13]同时基于 C（信心）要素，教师在学生课堂活动中要适时给予支持和鼓励，引导学生顺利完成讨论活动。在教师的总结和学生自己的主动思考下，学生的认识逐渐由具体情境中的感性认知上升为理性认识。这种以学生为主体的合作探究式学习更有利于学生领会文本的思想内涵，将文本传递的价值真正地内化于心。学生积极参与、主动思考才能有效实现以文化人、文化育人、立德树人[14]。

（4）反馈学习成果，提升学习收获。常规的课堂总结一般都以教师回顾的方式进行，无法观测学生的具体收获。为了提升学生的 S（满意）满足感，可以在每次教学结束后让学生自己总结自己学到了什么，获得了什么启发和思考等。可以填写问卷的形式，也可以学习报告等形式引导学生总结。这个过程可以让学生体验到学习成效，还能提高学生对整个课程学习的热情和认可度。

5.2.5　丰富教学形式

"大学语文"的教学形式不能过于单一，可以根据教学需要，适时恰当地选择教学形式。比如，相对比较简单容易理解的专题，可以以学生主讲、教师总结的形式学习。如以史为鉴这个单元，主题比较容易理解，文章虽是古文但是写作目的清楚，可以让每个小组负责一篇文章，完成后由小组做报告，以讲故事的形式完成对以史为鉴思想的认识，最后还可以设置任务让学生思考党史学习的意义等。课堂延伸的问题可以留给学生在教学平台上进行师生相互交流。此外，演讲、角色扮演、征文、主题诗词朗诵、读书会等活动形式也都可以作为"大学语文"的育人模式，这些都可以结合学校和学生的实际情况开展。比如由语文教研团队主导，学生社团组织，各专业学生参加的爱国主题诗词朗诵比赛或者以舞台剧表演的形式，穿插革命文学诗词的朗诵等。根据诗词、散文、戏曲、小说等不同的文学体裁选择合适的活动形式，对接青年学生的兴趣爱好，丰富育人形式。

5.2.6　创新评价机制

在课前学习、课后讨论、课中的教学活动等教学的主要环节，都应配合进行适当的教学评价。这既是一种督促手段，也是提高学生的学习自信，增强学习获得感的方式。教学评价可以采用教师评价、学生互评、学生自评相结合的方式。在教学过程中借助于教学平台开展教学活动，能够较好地帮助记录对学生的评价。如学习通平台课前任务的完成情况，课堂互动的抢答、讨论等环节学生的参与等。课程有关的音视频学习、阅读材料的学习、平时作业等都可以积分。教师可以对期末考核和每一个课程活动项目设置成绩权重，在课程的第一课就把综合评价标准展示给学生,学生在对分数的追求和积分的满足感激励下会更加积极地参与课程活动。小组活动还可以设置学生互评、自评,小组互评等方式来督促小组成员参与。"大学语文"通识课不应只有期末的结果性考核评价,应该重视过程性评价,这才能真正发挥评价对有效教学的积极作用。

6 小结

总之,充分发挥"大学语文"课程思政育人和文化育人优势,有效实现育人目标,落实立德树人根本任务,可以把 ARCS 动机模型贯穿课程教学设计的全过程,激发整个学习过程中学生的主动性和参与性,化外在的育人要求为内在的学习动机。教师也可以随时观察和总结教学过程中的问题和痛点,积极寻求更多有效的育人方法。

参考文献

[1] 李云. 课程思政视野下大学语文教学实践探究[J]. 文化产业,2022(5):151 - 153.
[2] 陈国恩. 通识教学是"大学语文"课的发展方向[J]. 中国大学教学,2019(9):29 - 34.
[3] 胡倩荻. "活的教育"思想对大学语文教学的启示[J]. 文学教育(上),2022(4):171 - 173.
[4] 陈晓峰. 立德树人视域下"大学语文"教改探索[J]. 扬州大学学报(高教研版),2019,23(4):108 - 113.
[5] 张云云,贾红莲. 军校"大学语文"教学中的红色基因传承[J]. 汉字文化,2020(7):22 - 24.
[6] 白云玲. "大学语文"教学中的古典诗词教学法新探[J]. 文学教育(下),2022(4):81 - 83.
[7] 高惠宁,田旭红,赵月霞,等. 论高校"大学语文"教学与人文素质培养[J]. 高教学刊,2022(4):76 - 79.
[8] 徐中玉等. 大学语文[M]. 第十一版. 上海:华东师范大学出版社,2018.
[9] 国务院. 国家教育事业发展"十三五"规划[Z]. 国发〔2017〕4 号.
[10] 中华人民共和国教育部. 高等学校课程思政建设指导纲要[Z]. 教高〔2020〕3 号.
[11] 王巍. 基于 ARCS 动机激励模式的大学英语智慧课堂教学改革[J]. 高教学刊,2022(4):140 - 143.
[12] 李军,隆滟,陈茜,等. "大学语文"课程建设与课堂教学实践探索[J]. 西安文理学院学报(社会科学版),2022,25(1):79 - 82.
[13] 韩敏. ARCS 动机模式在中职语文阅读和实践课程中的应用研究——以 KGJG 学校为例[D]. 昆明:云南师范大学,2021.
[14] 王同彤. 徐中玉先生"文化育人"的三重境界[J]. 群言,2022(2):11 - 15.

Exploration of College Chinese Teaching Reform Based on ARCS Motivation Model

Tian Guichun

Abstract:College Chinese is a general humanities quality course widely offered in colleges and universities. The basis of teaching is to infect and nurture in the reading of classic literature,so as to achieve spiritual growth,value shaping and personality improvement.

College Chinese has unique advantages in moral cultivation and ideological and political education, but students' motivation to study is insufficient, and the effect of education is not good. The main purpose of the ARCS motivation model is to carry out teaching design around stimulating students' learning motivation, to apply the ARCS motivation model to the whole process of college Chinese teaching design, and to transform the external education requirements into students' internal learning motivation. It is an important exploration to implement Lide and cultivate people and realize effective education.

Key words: college Chinese teaching; ARCS motivation model; teaching design

聚焦混合式教学最近发展区的学生
学习行为特点的实证研究

乔树通

摘　要：慕课支撑下的混合式教学方法已成为一种比较流行的教学方法，受到了大家的普遍关注，然而如何准确理解学生的学习行为成为影响混合式教学设计和改进的关键所在。本文运用质性研究方法，对混合式教学模式下"电路理论"课程一个班级学生的学习行为进行研究，旨在探究影响学生学习行为的要素，为改进教学提供证据支撑。为此，围绕"在混合式教学模式下，'电路理论'课程学生的学习是如何发生的？"这一问题，在课程教学的自然情境中，通过调查、访谈、观察、收集实物等途径获取相关资料，深入探究学生的学习行为。结果发现，课程教学具有累积性和延续性，学生在课前、课中和课后的学习行为均与自我和环境具有交互作用，教师如果经常接受反馈并主动改进，学生会在学习效果方面受益，教师也会在最终的评价中受益。在这些研究的基础上，结合文献分析，进一步提出了本课程教学的最近发展区。本研究还发现，学生自我调节学习能力的薄弱环节主要集中在元认知的监控和控制方面，建议教师从设计教学任务和组织课堂互动入手，营造提升学生自我效能感和促进其自我调节学习的机会。所获得的研究结论对于同类课程混合式教学设计的改进有指导和借鉴意义。

关键词：学习行为；自我调节学习；混合式教学；最近发展区；教学设计

1　引言

大规模在线开放课程（Massive Open Online Course，MOOC）又称"慕课"，是互联网与高等教育深度融合的产物。为了保持在世界高等教育行列中的地位，自 2012 年（慕课"元年"）后，

作者简介：乔树通，讲师，工学博士，主要研究方向：混合式教学设计、学习分析，电子邮箱：qiao_shu_tong@ sjtu. edu. cn。

基金项目：2019 年上海交通大学教学发展基金项目"混合式教学模式下电路理论课程学员学习行为的质性研究"（项目编号：CTLD19J0032）的研究成果。

美、英、法等国积极创建自己的慕课平台。2013 年起在教育部推进下,我国也建成了若干慕课平台[1-2],并于 2017 年首次认定了 490 门国家精品在线开放课程[3]。慕课课程的建设促进了大学优质教学资源的共享,推动了高等教育教学改革。而小规模限制性在线课程(Small Private Online Course,SPOC)则是慕课与传统校园教学的有机融合,是针对特定人群采用慕课平台辅助教学进而给传统高等教育带来改变的一种方案。与慕课课程相比,SPOC 课程学习对象的基础均衡,课程出勤率和参与度高,对学习的评价比较客观,也能较好地体现出在学术上的诚信。此外,教师能够基于 SPOC 引导学生自主学习,借助线上线下相关学业信息数据监控学生学习过程的投入和效果。学生也可以制定适合自己的学习策略[4]。

　　SPOC 平台能将学生的线上学习行为以数据形式记录下来,这便于对学生的学习行为进行量化研究。以往有关线上学习数据的研究与分析[5],主要集中在:①通过对单项数据的统计分析所反映出的问题,及时改进课程教学。如根据学习者提交的作业数据统计分析最容易出错的知识点、作业量大小、作业提交的时间等问题。②从 MOOC 平台角度对不同课程质量进行分析。如:搭建数据分析平台 Mooc Viz,对不同慕课的不同课程进行综合数据分析。③对学习者的学习行为建模和预测,如:研究课程完成率的模型。这些量化研究结果对了解学生的线上学习投入情况很有帮助,但并没有对线下的课堂学习和其他学习行为进行研究。学生的线上学习行为受学习目的、学习动机等因素的影响。例如,有的学生将 MOOC 视为传统课程,按要求参与学习;有的学生把 MOOC 作为在线参考资源,重点和难点的参与度比较高;还有的学生把 MOOC 当作检验学习成效的工具,以做测验题为主。因此,对于混合式教学,不仅需要从线上线下和课堂内外多维度获取学生的学习行为数据,还要挖掘学习行为背后的意义,以便进一步改进和提升混合式教学的效果。

　　为深入理解线上学生学习数据背后的学习行为,对混合式教学中学生学习行为、学习习惯和学习效果的关系进行过探究,以某双一流高校工科专业的基础必修课"电路理论"为案例,对同一位教师同一学期(2018 年春季)主讲的两个教学班级的线上线下同步实践数据进行统计,结果发现:①慕课资源阅读比例超过 60% 的学生很少,下半学期线上资源的阅读比例与线下考试成绩的关联性优于上半学期。当学生对线上资源的阅读比例在 16%～20% 之间时,线上阅读与线下成绩的相关性最差;②下半学期单个资源的平均阅读次数只有上半学期的一半;③阅读频次高的资源全部是概念性强和学时安排紧凑的知识点;④线上资源阅读量小、客观和主观作业题完成质量差的学生,以及线上作业提交时间晚、完成时长短和两次以上中断提交作业的学生,其总评成绩低的可能性更高。此外,在期中考试之后,课堂出勤率会阶段性降低。这些数据和现象虽然蕴含了丰富的学生学习行为信息,但从中难以直接找到能使混合式教学效果提升的着力点。

　　在这一背景下,运用质性研究方法,对混合式教学模式下大学生的学习行为进行研究,旨在探究影响学生积极投入的原因,为进一步改进教学提供证据和支撑。整个研究于 2019

年秋季学期实施，课程还是同一位教师主讲的"电路理论"课程，班级共有 95 名同学，其中男生 71 人，女生 24 人，学生的年级和院系分布如表 1 所示。

表 1　学生的年级和院系分布

年级（入学年份）	人数	院系分布	人数
2018	82	材料科学与工程学院	74
		电子信息与电气工程学院	7
		机械与动力工程学院	1
2014—2017	13	电子信息与电气工程学院	10
		船舶海洋与建筑工程学院	2
		机械与动力工程学院	1

2　概念界定和研究问题

2.1　混合式教学的概念界定

在混合式教学 20 多年的发展过程中，早期的界定关注物理属性，具有代表性的是由美国斯隆联盟提出的定义。Allen 等认为混合式教学由在线教学和面对面教学混合而成，且在线教学占比在 30%～79% 之间[6-7]。Graham 则从教学环境的空间、时间、保真度和交互方式 4 个维度对两种教学方式进行分析，认为数字媒体技术的进步促使分布式（计算机辅助）教学和传统的面对面教学交叉融合，于是产生了混合式教学[8]。Singh 则认为混合式教学使用多种教学方式的目标，不是教学方式的混搭，而是改善学习成本和效果；并将关注点放在学习目标的达成上，把混合式教学的定义细化为，通过应用与个性化学习方式相适配的合适技术，在合适的时间将合适的技能传授给合适的人[9]。这个定义蕴含了"以学生为中心"的教育理念。对于"以学生为中心"的课堂教学，Goodyear 认为教师要创建一个促进学生集体学习的环境，不仅当学生遇到学习困难时与学生互动，而且在学习过程中也要通过互动支持和发展正在进行的学习；此外，还要求教师关注学生行为，积极做出响应，并评估对学习效果的影响[10]。

如何准确理解个性化的学习行为成为混合式教学改进的关键所在。基于上述对混合式教学相关概念的界定和分析，本研究认为：混合式教学是指教师在适当的时间，通过应用适当的媒体技术，提供与适当的学习环境相契合的资源和活动，让适当的学生形成适当的能力，从而取得最优化教学效果的教学方式[11]。

"电路理论"课程的校本学习资源包括：①纸质的教材《电路基础》《电路基础教学指导书》《电路基础试题集解与考研指南》。②线上的"电路理论"慕课课程，有 16 个单元，每单元的任务量与一周的教学内容基本相当。具体包括讲授知识点的微视频、PPT、对应的客观和主观测试题,还有阶段性测试题和线上考试题供同学们参考和使用。混合式教学从 2016 年开始实施,2016 年以前的教学形式是在教学大纲的指引下,以纸质教材为载体,使用 PPT、板书等手段完成课堂教学。课外作业题主要取自教材,在助教的配合下完成批改。教学指导书和试题集解是学生课外学习的参考书。2016 年以后,慕课课程上线,课程教学也进入了线上线下相结合的混合式教学阶段。

根据前面我们采用的混合式教学定义,对"电路理论"课程进行混合式的教学设计:①在教学大纲的指引下,围绕校本学习资源(纸质资源、慕课课程和电子讲稿)组织课堂教学。纸质资源和慕课课程作为教师备课、学生课前预习、课后复习和完成作业时的公共参考资料。②慕课课程中的客观题和主观题作为学生的平时作业,由慕课管理员按照教学计划设定发布时间、提交截止时间、助教批改时间等。客观题允许提交 3 次,系统自动批改,成绩取最高分。主观题需学生在作业本上解答后,拍照上传,助教线上批阅。教师可登录平台查看学生的完成率和正确率。③电子讲稿是主讲教师为教学班专门设计的 PPT,通常具有灵活性、时效性和针对性较强的特点。此外,师生还借助微信等工具进行实时互动。

2.2　研究问题

混合式教学作为一种新的教学方式,在概念界定中连续用了 5 个"适当的",说明它将关注点聚焦于具体的师生共同体。教师只有掌握了共同体中学生的学习行为,才能开发出有针对性的、适当的学习资源和教学活动。因此,本文研究的问题是:在混合式教学模式下,"电路理论"课程学生的学习是如何发生的? 在这一主问题下有 3 个子问题。

(1)学生参加课程学习的动力来自哪里?

(2)混合式教学过程中,学生是如何利用课程资源进行学习的?

(3)DDL(deadline)是怎样影响学生学习的?

3　研究方法与过程

采用调查、访谈、观察和文献法等方法,探究混合式教学模式下,学生的学习行为特点。具体的研究分为 3 个过程:调查过程、访谈过程、文献法收集学生课程笔记的过程。

3.1　调查过程

在第 1 周、第 6 周和最后 1 周实施了 3 次调查,调查的目的和问题如表 2 所示。

表 2　开放式问题调查的目的和具体问题

调查时间	调查目的	调查的问题	备注
第 1 周，学生刚开始学这门课	了解学生参加课程学习的动力来自哪里？	（1）哪些因素促使你学习本课程？ （2）本课程在你本学期所有课程中的重要性如何？ （3）在上一学期的高数和物理的课程学习中，你课前预习比重有多少？ （4）上一学期，你平时的课外学习主要在什么时间段？	同学自愿参与，采用问卷星收集，最后收集到 78 份有效回答
第 6 周，学生对混合式教学模式已比较熟悉	了解混合式教学过程中，学生是如何利用课程资源进行学习的？为启动访谈做准备。	从课程资源和学习时序角度阐述你是如何进行"电路理论"课程学习的？（提前对课程的学习资源和学习时序进行解释说明）	要求学生阐述尽量简练，共收集到有效纸条 72 张
最后 1 周，课堂教学结束	（1）了解邻近期末考试时，学生是怎样学习的？ （2）了解课堂教学结束时，学生是如何看待课程的？ （3）了解课堂教学结束时，学生是如何看待教师观察到的两个学习现象的？	（1）从时间、内容、载体等方面叙述未来 3 天计划如何学习？ （2）今天电路课程学完了，和预期的差异是什么？ （3）这个教室有其他课程的很多作业本无人认领（本课程不交作业本），大家如何看待期末的时候，有若干作业本无人认领的现象？ （4）DDL 驱动学习在高中是否存在，你是如何看待这种现象的？	要求同学们以实名的形式，从考前学习计划、整体学习预期、看待学习现象、DDL 与学习驱动四个角度发表简短陈述，以纸条形式提交。共收集到 78 张有效纸条

3.2　访谈过程

整个研究共开展了 5 次访谈，具体的访谈对象和访谈内容如表 3 所示。

表 3　访谈对象和访谈内容

访谈时间	访谈对象	访谈内容	备注
第 6 周	1 位学习后进生*	他对课程的看法、对作业的意见、对教学的建议、对校内有关管理方式的看法等	开放式访谈。后半学期，没有再见到这个学生，联系后得知他休学了
第 8 周	2 位学习成绩好且都是班干部的同学	平时课程学习的时间投入、DDL 驱动、课程资源（含例题、习题）的利用、学习环境（舍友助学、课外学习场所）等	半开放式访谈。学生提出了 PPT 优化和授课时间分配方面的建议

（续　表）

访谈时间	访谈对象	访谈内容	备注
第9周	3位同学，其中有1位是重修的留学生**	聚焦于知识点的学习、学习方法和学习资源利用等方面	非正式访谈。答疑的目的都是为期中考试做准备。
第13周	3位期中考试处于最后5%的同学	平时课程学习的时间投入（含课堂出勤）、DDL驱动、课程资源（含课程信息）、学习环境（舍友助学、课外学习场所）等	结构化访谈。发现这几个同学在课程学习的很多方面都存在不足
第14周	6位期中考试成绩在后40%～50%的同学	平时课程学习的时间投入、DDL驱动、课程资源（含例题、习题、知识点梳理、期望的讲解）、学习环境（舍友助学、课外学习场所）等	结构化访谈

注＊:虽然这位同学进入大学后在学习上遭遇了失败，没能完成这本课程的学习。但任课教师认为，他对课程、作业和教学的有关意见和建议，对于教师未来的教学改进具有一定的启发作用。

注＊＊:该同学所提出的问题比较偏或比较基础，同时还会问学习方法和学习资源方面的问题，这可能与平时投入的学习时间不足有关。

3.3　文献法收集学生课程笔记的过程

本研究采用的另一研究方法是文献法，即通过分析学生的课程笔记来探究学生的学习行为。学生笔记的具体收集过程如表4所示。

表4　学生课程笔记的收集过程

收集步骤	主要内容	备注
确定文献法的载体	在研究过程中，一直在观察和思考可能收集到的文献载体，最终目标锁定在课程笔记（学习记录本、学习记录纸张、电子学习笔记）上	自然情境
小范围预订	在访谈和答疑过程中，观察到有3位同学的学习记录本相对完整，于是提前私下商议好等考试结束时将借用他们的课程笔记用于研究	避免落空，尊重意愿
集中收集	在最后一次课，围绕先前选定的3位同学，按照教室座位邻近的原则，又选定了12位同学，鼓励他们自愿贡献学习记录本支持教师进行教学研究，并委托其中4位学生代收＊	避免美化，扩大范围，自愿贡献
统计数量	实际收集到13位同学的课程笔记19件（电子笔记1套，记录本11个，记录纸7份）＊＊	

注＊:除了先前的3位同学外，还找了另外1位平时经常提问的同学。

注＊＊:在选定的15位同学中，有2位同学的课程笔记未收集到，有4位同学的课程笔记为多件（1位同学2个记录本、1位同学4个记录本、1位同学1个记录本和1份记录纸、1位同学2份记录纸）。

4 研究结果与讨论

4.1 学生的学习动力

大多数教育者都认为激发学生的学习动机是教学的关键任务之一[12]。只有对课程充满兴趣的学生,才会积极地从认知、情感和行为上投入到富有成效的课程学习中去。在本研究的课程中,学生的学习动机来自哪里呢?

4.1.1 课程学习的动机

通过对"哪些因素促使你学习本课程"这一问题的调查结果进行分析后发现,78位同学的学习动机主要来自必修课、培养计划、学校要求和个人因素四个维度。从表5中可知,56.4%为单一的必修课因素,19.2%为单一的学校要求因素,5.1%为单一的培养计划因素,这3类加起来占80.7%。对学生而言,他们必须要修这门课,才能达到毕业要求。毕业要求和人才培养计划都属于培养方案的组成部分,从回答情况可知,真正能将必修课和培养计划关联起来的占6.4%(见表5)。此外,单一的个人因素占9.0%,这里个人因素对应的具体内容有:"被逼无奈""被动因素""学分""兴趣""求知补弱"等。总体上看,学生主要是为了专业需求而选择学习这门课程。

表5 学习本课程的动机

来源	因素	频数	相对频率/%
一个	必修课	44	56.4
	培养计划	4	5.1
	学校要求	15	19.2
	个人因素	7	9.0
两个	必修课-培养计划	5	6.4
	必修课-学校要求	1	1.3
	必修课-个人因素	1	1.3
	培养计划-个人因素	1	1.3
	合计	78	100

4.1.2 学生心目中课程重要性的来源

采用5点量表对学生心目中课程的重要性进行调研,结果发现,提交问卷的78位同学的平均分为4.62(见表6),学生认为课程重要或很重要的比例达91.02%,认为一般或不重要的只占8.97%。这一调查是在学期开学刚上课的时候做的,学生是通过何种途径得知课程重要与否的呢?结合访谈后发现,学生的主要信息来源有几个途径,包括:与高年级学长学姐交流,与班主任、辅导员等交流,查看课程在课程体系中的位置等。可见,学生对课程重要与否的评价,主要源于同专业师学长的认识。

表 6　学生认为课程重要性与否的频数汇总表

类别	很不重要	不重要	一般	重要	很重要	合计
频数	0	1	6	15	56	78
相对频率/%	0	1.28	7.69	19.23	71.79	100

4.1.3　学生的主动预习习惯

为了解学生的预习习惯,将预习比重分为四段(见表 7)。在第一堂课上,让学生回顾在 2019 年春季学期学习"高等数学"和"大学物理"课程时,进行课前预习的比重。从表 6 的频数汇总结果来看,预习比重超过 60% 的仅占 6.41%,预习比重在 30% 以下的占 66.67%。说明大部分同学在上课前都不会预习。结合访谈发现,原因是学生们整个学期的学分任务重,个别课程的课外学习很耗时间,即使想提前预习也没有时间,最后出现了预习比例不高的情况。

表 7　预习习惯频数汇总表

预习比重	30%以下	30%~60%	60%~80%	80%以上	合计
频数	52	21	3	2	78
相对频率/%	66.67	26.92	3.85	2.56	100

4.1.4　学生偏好的课外自主学习时间段

为了解学生的课外学习时间分布,将 24 小时分成了 11 段,让学生回顾在 2019 年春季学期进行课外学习的时间分布(见表 8),可以多选(故表 8 中选择不同时间段的人数总和超过 78)。由表 8 可见,18~23 点之间的 3 个时间段是学生课外学习的首选,特别是有 82.05% 学生选择在 20~22 点进行课外自主学习。结合访谈发现,学生将自主学习时间主要安排在这些时间段的主要原因是,通常这个时间段的课程和其他活动安排很少,学生有成块的时间进行自主学习。在调查之初,并未说明星期几的选项,这可能是造成各个时间段都有一定分布的干扰因素。但在 23~1 点、1~6 点之间也发生了零星的课外学习行为,通常这些时间段是用来休息的,如果被学习挤占可能有两方面原因,一方面可能说明不同学生的作息习惯不同;另一方面也可能说明学生的学习压力比较大,不得不占用休息时间来学习。结合访谈发现,学生为了提升自身的综合素质,对各种任务都有强烈的参与动机,不仅选择了不少课程(通常参考推荐课表),还参加了一些社团活动,并且希望自己能在其中有良好的表现。通常学生能集中注意力,将认知和情感资源聚焦于手头上的任务,但当有很多任务和 DDL 叠加在一起时,学生就只有通过熬夜才能基本完成任务。但熬夜之后会影响第二天的听课状态,甚至有翘课现象。

表 8　学生用于课外自主学习的时间段分布情况*

时间段（点）	人数	比例/%	时间段（点）	人数	比例/%
1—6	3	3.85	16—18	13	16.67
6—8	3	3.85	18—20	50	64.1
8—10	4	5.13	20—22	64	82.05
10—12	8	10.26	22—23	44	56.41
12—14	14	17.95	23—1	15	19.23
14—16	8	10.26			

注*：时间段可多选，78位同学参与调研，比例为人数/78。

4.2　课程教学的最近发展区

最近发展区理论是维果茨基社会文化理论的重要组成部分。社会文化理论的实质揭示了在互动条件下个体认知能力的高级发展过程，并强调社会文化对人的心理发展具有重要影响[13]。从认知的视角来看，"最近发展区"通常被描述为"学习者分别在独自工作时和受到更有经验的人帮助或与他们合作时所表现出来的解决问题能力之间的差距"。"最近发展区"概念要求教师能够为学生提供有挑战性的内容，通过适时调整确保所学内容处于学生的最近发展区[14]。研究表明[15]，与"最近发展区"概念密切相关的是"脚手架"概念，教师帮助学生搭建的脚手架是协助学生完成挑战性任务的必要手段。但只有根据学生的最近发展区搭建的脚手架对学生的发展才最有效。

在课程学习中，大学生通常会结合教师提供的学习资源，调整学习技巧、动机和情绪，实现分析任务、设置目标、制定计划、投入学习过程以及调整学习方法的自主学习循环过程。如果教师提供的学习资源与学生的最近发展区密切相关，就会对学生的自我调节学习过程有实质影响。因此，课程教学的最近发展区是指教师在现有教学模式下，根据学生的现有知识储备，为学生重新构建和改建的学习资源，以便于学生掌握、建构、内化那些能使其从事更高认知活动的知识和技能。学生一旦获得了这种技能，就可以对学习进行更多的自我调节。本研究将齐莫曼的自我调节学习模型作为研究框架，运用 Nvivo12 数据分析软件对收集的资料从课前-课中-课后进行切片分析，以探究本课程中学生的"最近发展区"，从而实现精准教改。所调查的问题主要是从课程资源和学习时序角度阐述学生是如何进行"电路理论"课程学习的。

齐莫曼提出的自我调节学习模型（见图1），主要对自我学习的成分及其内在心理机制进行了深入剖析[16]。他认为，自我调节学习涉及自我、行为和环境三者之间的交互作用。自我调节学习者不仅能对内在学习过程做出主动控制和调节，还能在外部反馈的基础上对学习的外在表现和学习环境做出主动监控和调节。在自我调节学习过程中，个体不断监控和调整自己的认知和情感状态，观察和运用各种策略，调整自身的学习行为，营造和利用学习环境中的物质和社会资源。模型中的个人因素主要包括自我效能感、陈述性知识、程序性知识、策略性的元认知计划、监控目标设置、情绪、情感等。模型中的行为因素主要包括自我观察(如,书面记录、报告等)、自我判断(如,对照目标、评判行为等)和自我反应(如,对自己的奖惩)。模型中的环境因素主要包括物质性环境(如,生活或学习环境)、社会性环境(如,榜样、他人的帮助)和符号性环境(如,示意图、图片、公式)。

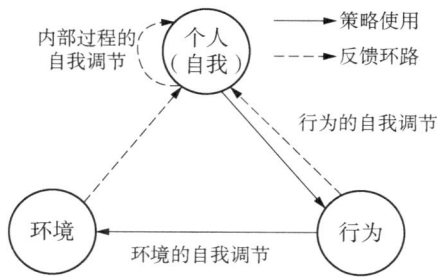

图1　齐莫曼的自我调节学习模型

表9为自我调节学习发生在课前预习、课堂听讲和课后学习3个时间段的编码表。通过分析发现,"电路理论"课程教学的"最近发展区"主要有3点。

表9　自我调节学习发生在不同时间段的编码表

因素	树状节点	自由节点	预习的参考点(描述)	课中的参考点(描述)	课后的参考点(描述)
个体	目标设置	学习目标、学习规划、自我期待	(1) 大致浏览一遍将学内容 (2) 翻阅一下教材,了解大致涉及的内容	(1) 跟着进度走 (2) 尽量认真听讲,了解尽量多的内容	(1) 课后按时复习,尽量早完成作业 (2) 课下独立写作业 (3) 作业(好大学在线)+网络课程复习观看+课外辅导的练习补充+与同学交流讨论+PPT复习
	知识储备	学习基础、认知水平	基电概念较多,每个专有名词都与前后相关知识相联系	我比较重视例题,基电很多题我认为是相通的	(1) 复习上课讲解的内容,把疑问解决,做好书上例题 (2) 做作业时参照书本上知识点,与之前所学内容互相印证
	自我效能	经验动机情绪情感	发现不预习的话,上课自己根本跟不上老师的速度	认真听老师讲课,不懂的地方在心里记下来	(1) 主要通过习题练习来巩固知识点 (2) 做一些试题来复习巩固
行为	自我观察	笔记记录、整理笔记、查漏补缺	课前通过预习课本知识学习并且标出问题	(1) 课上观看PPT,草稿演算,重要地方做笔记 (2) 在书中做好标记 写笔记,记关键点,写例题	(1) 查找一些掌握得不够的知识点 (2) 整理主要以书+笔记,辅以PPT+在线视频

（续　表）

因素	树状节点	自由节点	预习的参考点（描述）	课中的参考点（描述）	课后的参考点（描述）
	自我判断	对照目标、评判行为	提前阅读课本，进行初步了解	原本打算课堂上就将问题全部弄懂。可实际上课过程中，情况是上课弄懂七八分	课后在做作业前再进行整理、复习，解决问题，最后辅以作业深入理解掌握
	自我反应	对自己的奖惩	课前有时间预习就会看书，没有时间就不会预习	（1）重点听解题思路 （2）一定数量的例题会让我更清楚解题的思路	不会的地方重新看教材，或是上慕课，习题上出现的题在书中做好相关标记
环境	物质环境	学习资料、学习场所	很多是在每次课前大约浏览5～10分钟就上课	（1）上课做例题，多给些时间思考 （2）讲解完再停顿一下，有助于知识的吸收 （3）位置、座位非常拥挤	（1）看课件和课本 （2）通过慕课视频和习题学习 （3）课下看参考书 （4）对有疑问的部分做好笔记，回宿舍思考
	社会环境	同学、教师	（1）课前基本无预习 （2）课前预习较少	认真听讲，跟上老师思路，积极思考	（1）不理解的地方与同学讨论，或者问已经学过本课程的同学 （2）与同学反复讨论"基本电路理论"中的难题 （3）问学过的舍友，向他取经 （4）有问题时先与同学讨论，无果则询问老师
	符号环境	示意图、题图、公式	在上课之前，我会提前对书上的知识点进行预习	（1）上课做例题 （2）笔记都是直接画在书上，或者抄在旁边	在做作业前再进行整理、复习，解决问题，最后辅以作业深入理解掌握

4.2.1　教学设计中加入预习要求

大学里每堂课的教学内容都比较多，知识梯度大、课程进度快、相关学科内容不同步、学习反馈不及时，这些都会给学生的自主学习能力带来挑战。由于在课程教学设计时，没有纳入预习环节，导致自主学习的物质环境和社会环境较为匮乏，出现了多数同学不预习的现象。实际上，学生们通常只能使用面向初学者设计的教材，提前理解概念间的联系。为此，建议教师实施含有预习的教学设计，这就需要教师准备背景知识资料，列出预习提纲，检测预习效果，精心策划课堂活动，给学生提供及时的指导和帮助[17]。如，在课前准备中，增加章节的基本脉络说明，增加感性认识材料的比重，注重引导性，设计出比课后习题难度低、有助于理解基础概念的思考题或练习题，并运用信息技术发布课前预习任务[18]。这样学生通过高质量的预习，带着问题听课，能提高听课效率，课堂结束前学生掌握的知识增多,课后学习压力减小,整个学习链将得到改善,自主学习能力也将同步得到提升。

4.2.2　用优质案例丰富教学资源

课堂上学生为了跟上授课进度,非常重视例题及其解题思路,并做好笔记。学生重视例题,意味着"样例学习方法"在大学学习中发挥着重要作用。"样例"是学生自主学习的重要材料,能对概念、原理、公式等进行解释,能够帮助初学者理解概念、强化记忆,让学生知道怎样运用原理或公式来解决问题[19]。建议教师对教材和PPT中的例题进行优化设计。在设计教材中的例题时,不能只从教师的角度去考虑,还要注意学生的感受,以及如何能更充分地实现例题的功能。有研究发现"样例"有利于陈述性知识向程序性知识的转化,但也要注意有时"样例"引导的思维方法可能会局限学生的思维。

4.2.3　增加授课过程中的链式言语从而提升学生的学习效果

通过对学生在课堂上自主学习行为的编码发现,学生对于能否跟上教学进度和教师对案例的讲解非常重视。结合优秀教师的教学行为,建议教师重点关注自身在主题引入、讲解新知、例题讲解等环节的言语行为,多应用引导性语言、过渡性语言和追问性语言,结合教学内容和学生的实际情况设置问题串,形成问题链[20]。同时,在课堂教学中教师要及时、准确地做出反馈,这样有助于学生跟上进度,提升自主学习效果。

4.3　教师可以对学生的自我调节学习能力进行积极干预

有心理学家认为,教师可以将自我调节学习能力作为区分个体的一个重要特征。在这一点上,有的学生比其他学生表现得更加出色[12]。比如,在学习时间的安排上,访谈发现优等生的习惯是"……当天复习授课的内容,然后周末做作业……"。而中等学习成绩的学生基本上都是快到截止日期时才开始计划做作业,如"……我基本都是这样的。因为我在学习上不是一个很有动力的人"。对于那些学习成绩不是很好的学生来说,可能还会经常出现旷课的情况。比如"……能去就去。如果睡过了,就不去……"。由此可见,学生的自我调节学习能力差异较大。

自我调节学习循环模型的核心内涵是学生如何自主管理其学业生活(见图2)[12]。该模型描述了学习者如何设置目标,以及如何利用各种资源和调动自身的努力来实现目标。模型的循环特性是每个阶段与下一个阶段紧密衔接,当学生遇到新的学习挑战,循环就不断持续下去。实际情况是,学生进行自我调节学习的关键点至少包含这样几点:学生对学习任务了如指掌,并能根据任务难度设定恰当的目标;学生有一套适合自己的学习策略和技巧;学生在自我监控后能及时进行反馈修正。因此,教师要关注学生对任务的理解程度以及他们完成任务的能力(自我调节效能感),并在课程教学中营造有利于学生发展自我效能感和提高自主调节学习能力的机会。

综上,建议教师从设计教学任务和组织课堂互动入手,支持学生自我调节学习能力的发

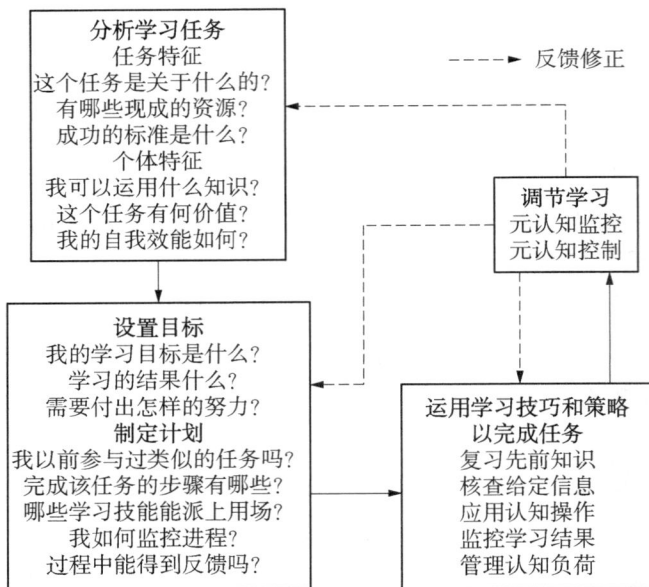

图2　自我调节学习循环模型

展和积极卷入。如当学生参与复杂的、有意义的、耗时较长的任务时,教师应当给予指导并
监控他们的学习过程和学习结果,在这个过程中学生也需要学习如何进行选择。这里的复
杂是指任务设计,即那些包含了多重目标和大量意义模块的任务。教师不要给学生布置太
难的、超出学生能力范围的任务,因为任务太难会让学生感到挫败。此外,教师还应让学生
参与设计用于评价学习过程和学习结果的标准,然后给学生提供机会让他们使用这些标准
评价自己的学习进步情况。教师还可以鼓励学生与同伴进行合作学习,并相互给予反馈。
已有研究表明,最能激发学生的学习动机且对其学业最有帮助的是那些富有挑战性但又不
至于让学生束手无策的任务[12]。

5　研究结论与讨论

通过对一个班级学生的调查、访谈、观察和他们的课程笔记的文献分析,发现了学生选
择该课程学习的内在原因。在此基础上,将研究数据扎根于自我调节学习理论,分析了课程
教学的最近发展区和提升学生自主学习能力的着力点。通过以上研究,可以为其他课程的
教学提出以下策略与建议。

本研究发现,大学生选择学习某些课程主要出于几方面的原因:专业需求的考虑、学生
对课程重要性的认知、同专业师长的推荐等。如果教师经常接收来自学生对于课程的真实
反馈,并积极主动地改进,无论是教师还是学生都能在课程中受益。这说明课程教学的效果
具有累积性和延续性。对教师而言,如果比较重视学生的成绩、分数或在竞争中获胜,就会

破坏学生的学习能力,阻碍他们成为"任务卷入型学习者",导致他们逃避学校的学习,并最终形成习得性无助[12]。对于学生而言,仅有动机是远远不够的,他们还需要加强自我约束力或意志力的培养。

大学生会结合教师提供的学习资料,分析任务、设置目标、制定计划、投入学习过程以及调整学习方法。在本研究中通过探讨"电路理论"课程学生的"最近发展区"发现,将预习融入教学设计、改善学习行为链、设计优质样例支撑学生的自主学习行为,运用链式衔接言语行为进行反馈式教学,这些教学行为更有助于学生跟上进度,提升学习效果。通过对学生学习行为的编码发现,学生课堂注意力主要是放在已有知识的学习、记录与记忆上,没有同学提及"课堂上提问或参与讨论"类环境因素对学习效果的影响。可见在课堂教学结束前,教学内容与学生的准备不匹配,学生未能深入掌握知识,造成输出困难,进而难以出现课堂信息的交互现象。

自主调节学习能力是区分学生自主学习能力高低的一个重要标志,在此方面学生的薄弱环节主要集中在调节学习阶段,也就是元认知的监控和控制阶段。因此,教师可以在作业环节和学习材料提供环节设置更多的自我反思式问题,以帮助学生发展其元认知能力。此外,引导大学生主动营造或利用有利于学习的环境条件也能促进其自主学习能力的提升[21]。如:学生主动选择或营造舒适、安静的学习场所,掌握并能熟练运用通过图书馆或其他途径查阅所需资料的方法和手段等,这些都能培养学生的自主学习能力。

6　研究局限与展望

本研究运用调查过程、访谈过程、观察和分析学生课程笔记的文献法对"电路理论"课程学生的"最近发展区"进行了比较深入的研究,所获得的结果对于同类课程的教学具有比较好的参考价值,但限于时间、精力等因素的制约,还有很多不够完善的地方,有待进一步的深入研究。例如,①本研究只对"电路理论"课程的"最近发展区"和如何培养学生的自我调节学习能力进行了初步探讨,并未对自主调节学习的理论进行深入研究。②本研究中的混合式教学实施的条件和设备优良,所以效果较好。但混合式教学的实施效果会受学校的基础设施、师资力量、技术准备等诸多方面条件和要求的限制,对于各方面条件都不足的学校,如何借助外部力量推广混合式教学是值得进行深入探讨的课题。③教师个人特质、课程特质、学习痕迹数据和有效学习行为的观察和收集也是混合式教学需要考虑的因素,如何在自然开放的不确定情境中进行高质量的质性研究,也是未来在教学研究中需要继续磨炼的一种研究能力。

参考文献

[１] 康叶钦. 在线教育的"后 MOOC 时代"——SPOC 解析[J]. 清华大学教育研究,2014,35(1):85 - 93.
[２] 王朋娇,段婷婷,蔡宇南,等. 基于 SPOC 的翻转课堂教学设计模式在开放大学中的应用研究[J]. 中国

电化教育,2015(12):79－86.

[3] 教育部高等教育司. 教育部推出首批 490 门"国家精品在线开放课程"情况介绍[EB/OL]. 2018－01－15,http://www. moe. gov. cn/jyb_xwfb/xw_fbh/moe_2069/xwfbh_2018n/xwfb_20180115/sfcl/201801/t20180112_324462. html.

[4] 胡庆,程皓,高山山,等. 电路原理"SPOC＋翻转课堂"教学新模式探索与实践[J],教育与教学研究,2017,31(11):117－124.

[5] 蒋卓轩,张岩,李晓明. 基于 MOOC 数据的学习行为分析与预测[J],计算机研究与发展,2015,52(3):614－628.

[6] ALLEN I E, SEAMAN J. Sizing the opportunity: the quality and extent of online education in the United States, 2002 and 2003 [R]. Needham and Wellesley, MA: Sloan Consortium, 2003.

[7] ALLEN I E, SEAMAN J, GARRETT R. Blended in: the text and promise of blended education in the United States [R]. Needham and Wellesley, MA: Sloan Consortium, 2007.

[8] BONK C J, GRAHAM C R. The handbook of blended learning: global perspectives, local designs [M]. San Francisco, CA: Pfeiffer Publishing, 2006.

[9] SINGH H, REED C. A white paper: achieving success with blended learning [J]. Centra Software Retrieved, 2001.

[10] VICTORIA G, DEAN D. "I'm a Facilitator of Learning!" understanding what teachers and students do within student-centered physical education models [J]. Quest, 2015,67(3):274－289.

[11] 李逢庆. 混合式教学的理论基础与教学设计[J]. 现代教育技术,2016,26(9):18－24.

[12] 伍尔福克. 教育心理学[M]. 第 12 版. 伍新春,等译. 北京:机械工业出版社,2015.

[13] 王颖. 维果茨基最近发展区理论及其应用研究[J]. 山东社会科学,2013(12):180－183.

[14] 何善亮. "最近发展区"的多重解读及其教育蕴涵[J]. 教育学报,2007(4):29－34.

[15] 王文静. 维果茨基"最近发展区"理论对我国教学改革的启示[J]. 心理学探新,2000(2):17－20.

[16] 付桂芳. 自我调节学习结构模型的建构[D]. 长春:吉林大学,2004.

[17] 王凌飞. "预习讨论"式教学模式在英语教学改革中的实践[J],中国高教研究,2003(6):93－94.

[18] 吴钦,周雨青,丁萍,等. 浅谈大学物理与中学物理的衔接[J]. 高等工程教育研究,2012(3):176－180.

[19] 邵光华. 数学样例学习的理论与实证研究[D]. 上海:华东师范大学,2003.

[20] 叶立军. 数学教师课堂教学行为比较研究[D]. 南京:南京师范大学,2012.

[21] 张勇,潘素萍. 齐莫曼的自主学习模型理论与启示[J]. 高教发展与评估,2006(1):48－50.

An empirical study on the characteristics of students' learning behavior in zone of proximal development of blended teaching

Qiao Shutong

Abstract: The blended teaching method supported by MOOC has become a more popular teaching method, which has attracted widespread attention. However, how to accurately understand students' learning behavior has become the key to affect the design and improvement of blended teaching. In this paper, qualitative research methods are used to study the learning behavior of students in a class of "Circuit Theory" course under the blended teaching mode, in order to explore the factors that affect students' learning behavior and provide evidence support for improving teaching. Therefore, the research question is "How does the learning of students in the 'Circuit Theory' course happen under the blended teaching mode?". Research materials are obtained through investigation, interview, observation, collection of objects and other ways in the natural settings for deeply explore students' learning behavior.

The results show that curriculum teaching is cumulative and continuous, and students' learning behaviors before, during and after class interact with themselves and the environment. If teachers often accept feedback and take the initiative to improve, students will benefit from the learning effect, and teachers will also benefit from the final evaluation. On this basis, combined with literature analysis, the zone of proximal development of this course teaching was proposed. In addition, it is found that students' self-regulated learning ability is weak on monitoring and controlling metacognition. Therefore, it is suggested that teachers should design activities to enhance students' self-efficacy and promote their self-regulated learning in teaching tasks and classroom interaction. The conclusion can be used for reference to improve the blended learning instructional design of similar courses.

Key words: learning behavior; self-regulated learning; blended teaching; zone of proximal development; instructional design

基于 SOLO 理论的"护理管理学"开放性试题的研制与效果

吴建军　方　欣　李会仿　陈新华　张小来

摘　要: 为提高护理专升本学生运用管理学知识解决临床护理管理问题的整体思维能力,本文基于 SOLO 分类理论研制"护理管理学"开放性试题和评价标准,应用于专升本护理学生的"护理管理学"课程考核中,并对其所呈现的整体思维水平进行分析。研究表明,基于 SOLO 分类理论编制的"护理管理学"开放性试题及评价标准,在实际应用中有较好的信效度,可考虑在传统教学评价方法中进行有益补充,从而更准确地评价学习者的学习水平。此外,研究开展学校的学生思维结构仅处于中等水平,关联和抽象拓展思维较为欠缺,需要进一步的教学改革来促进学生整体思维水平的提高。

关键词: SOLO 理论;护理专业学生;护理管理学;思维

随着我国高等护理教育的迅速发展,护理本科生在临床护理实践及管理工作中所起的作用日益凸显。2015 年 12 月,教育部发布《护理学类教学质量国家标准》[1],明确提出护理本科毕业生应具有基本的临床护理工作能力、初步的教学能力、管理能力、科研能力及创新能力,特别是要培养学生的整体思维能力。全日制专升本护理教育是针对我国高等学历护理人才缺乏而产生的一种具有中国特色的新型人才培养模式。在进入本科阶段学习之前,绝大多数专升本护理学生有 8 个月左右的临床实习经历,与普通本科护理学生相比,具有更丰富的临床实践经验,如何更好地利用这一优势,培养护理专升本学生的各项能力,尤其是运用管理学知识提升其临床护理管理方面的整体思维能力越来越受到护理教育界的重视。整体思维,又称系统思维,是指从一个系统的整体出发,将各个局部(分系统)按照一定的秩序组织起来的思维方式,要求个体要从整体和全面的视角把握对象[2]。

作者简介: 吴建军,女,讲师,硕士研究生,衢州职业技术学院,研究方向为护理教育,邮箱:1535696819@qq.com;方欣,女,讲师,硕士研究生,研究方向为护理教育,邮箱:115372085@qq.com;李会仿,女,讲师,硕士研究生,研究方向为护理教育,社区慢性病护理,邮箱:2314963181@qq.com;陈新华,副主任护师,本科学历,主要从事老年护理及护理管理研究,邮箱:307198556@qq.com;张小来,女,教授,国家"万人计划"教学名师,安徽医学高等专科学校,邮箱:724040821@qq.com。

基金项目: 国家级职业教育教师教学创新团队课题研究项目——高职国家名师引领下"三教"改革研究与推广(GG2020N00001);2020 年度高校国内访问工程师"校企合作项目"(用分类理论评价高职护理学生临床思维水平的研究,FG2020208)。

"护理管理学"是培养护理学生应用护理管理知识分析问题、解决问题的一门重要专业课程。传统的课程教学评价主要是针对学生对某个知识点的掌握程度,即使是结合临床案例考查综合分析能力的开放性试题,也大多采用"踩点给分"的方法,较少关注学生在答题中呈现的整体思维水平。

可观察的学习结果的结构(Structure of The Observed Learning Outcome,SOLO)分类理论最早由澳大利亚教育心理学家比格斯[3]提出,意为"可观察的学习结果"。该理论认为一个人回答某个问题时所表现出来的思维结构是可检测的,由低到高依次分为前结构、单点结构、多点结构、关联结构和抽象拓展结构等 5 个不同思维水平(见表 1)。通过对学生的内隐思维结构进行质性评价和描述,可以反映学生的整体思维能力。国内外有很多教育者已将其广泛应用于开放性试题的编制和评价中[4-6]。本文基于 SOLO 分类理论研制"护理管理学"课程的开放性试题及其评价标准,应用于专升本护理学生的"护理管理学"课程的考核中,并对其所呈现的整体思维水平进行分析,以期为评价专升本护理专业的学生应用管理学理论知识解决临床护理管理问题的整体思维水平及教学改革提供新思路。

表 1　SOLO 各等级思维结构及其表现特征

思维水平	SOLO 等级	思维结构的表现特征
低水平	前结构(Prestructural,P)	学生不能找到解决问题的线索或途径,回答问题逻辑混乱,答非所问
	单点结构(Unistructural,U)	学生能找到 1 个解决问题的线索或途径,但仅凭一个线索就得出结论
中等水平	多点结构(Multistructural,M)	学生能够找到 2 个或 2 个以上解决问题的线索或途径,但不能对相关线索进行整合,只是简单的罗列
高水平	关联结构(Relational,R)	学生能把解决问题的各个线索整合成一个有机整体,做出关联性的结论
	抽象拓展结构(Extended Abstract,EA)	学生不仅能够对问题进行整体把握,还能从理论的高度来分析问题,能够深化问题,归纳出新的、更抽象的假设和结论,并能迁移、运用到新情境中

1　研究对象与研究方法

1.1　研究对象

采用方便抽样法选取安徽理工大学 2019 级全日制专升本护理专业两个班级的学生,每个班级 50 人,共计 100 人,年龄 19～25 岁(22.1±1.06)岁,其中男生 4 人,女生 96 人。在大二第一学期进行"护理管理学"课程学习,教材选用吴欣娟主编、人民卫生出版社出版的《护理管理学(第 4 版)》,由同一教师担任教学任务。

1.2　研究方法

1.2.1　编制基于 SOLO 分类理论的开放性试题

"护理管理学"课程按照计划、组织、人员管理、领导与指导及控制等基本职能,介绍医院内护理管理的基本理论及其有关方法和技巧,教学目标是要提高学生运用管理学原理判断问题、分析问题和处理问题的整体思维能力。不同的培养目标,要采取不同的教学方法。同样,不同的培养目标也要采用不同的考核方式。本课程采用理论讲授、案例分析、主题讨论及角色扮演等方式进行。

基于课程的教学目标进行命题,注重考查学生利用护理管理学理论知识解决临床护理管理实际问题的整体思维能力。经过讨论和咨询临床专家后,课程组认为"管理沟通与冲突"特别能够反映学生的整体思维水平,因此将该章节作为重点考核内容。考核试题案例来自临床实际,根据考核要求适当改编,问题为开放性试题,教材中无直接答案,需要学生根据案例进行分析,思考答题线索,进行推测才能形成合理结论。

【测试案例】李护士,32 岁,刚刚怀二胎时,护士长考虑到她大龄怀孕,早孕反应明显,且本科室护士全员在岗,护理人力资源充足,故安排李护士上夜班次数减半。李护士怀孕 4 个月时,科室有 2 名护士外出培训,另 1 名护士骨折休假,科室护理人力资源相对紧张。此时,李护士身体状况良好,护士长便取消对李护士的照顾,按正常次数上夜班。为此,李护士情绪低落,常有与人窃窃私语现象,护理工作质量不高。

【问题】

问题 1:导致李护士最近不良表现的可能原因有哪些?

问题 2:李护士的心理及行为会产生哪些影响和后果?

问题 3:您对该护士长有什么建议?

问题 1、问题 2 主要考查学生分析问题的能力,学生答题思维结构水平最高可以达到关联水平。问题 3 考查学生制订解决问题方案的能力,学生答题思维结构水平最高可达抽象拓展水平。

1.2.2　制定基于 SOLO 理论的开放性试题评价标准初稿

课程组通过研讨初步构建基于 SOLO 分类理论的评价标准,将 SOLO 等级评价标准、答题线索、关联线索及拓展线索整理后形成评价指标初稿。

1.2.3　验证评价标准各指标的科学有效性

专家评议:根据目的抽样法选择 5 名临床护理专家,工作年限均＞15 年,高级职称。其中 2 名为从事护理教学工作的本科院校教师;3 名从事临床护理管理工作(护士长、护理部主任),且有 5 年以上在医学院校担任兼职教师经历。指标均按照李克特量表设置,从完全不同意到完全同意(赋值 1～5 分),专家针对指标的合适程度进行评议。两轮评议后,所有项目标准差为 0～0.89,变异率为 0～0.20,表明专家意见趋于一致;所有项目平均分为 4.4～5,均大于 4,表明评议专家均认为该指标体系较为合理。各指标水平内容效度(I－CVI)值域位于[0.8,1.000],平均指标水平内容效度(S－CVI/Ave)取值为 0.94,说明整个评价标准具有较高的内容效度。

1.2.4　确定基于 SOLO 分类理论的评价标准(见表 2)

表 2　"管理沟通与冲突"测试题评价标准(SOLO 版)

SOLO 等级	评价标准及线索
前结构(P)	P-1 没有回答
	P-2 或对问题进行简单的重复
	P-3 或给出观点与主题无关
单点结构(U)	U-1 仅给出合理的单个可能线索
	U-2[问题 1 答题线索]护士长沟通、人力资源、调整夜班、李护士(身体状况、认知、家庭支持系统)等
	U-3[问题 2 答题线索]工作质量(护理安全、护患关系)、同事关系、李护士自身及胎儿健康、家庭关系等
	U-4[问题 3 答题线索]及时有效沟通、弹性排班、人员调配、人际关系等
多点结构(M)	M-1 给出合理的 2 个及以上的线索
	M-2 但只是简单的罗列,线索之间没有进行逻辑关联
	M-3[问题 1 答题线索]护士长沟通、人力资源、调整夜班、李护士方面(身体状况、所受教育、家庭支持系统)等
	M-4[问题 2 答题线索]工作质量(护理安全、护患关系)、同事关系、李护士自身及胎儿健康、家庭关系等
	M-5[问题 3 答题线索]及时有效沟通、弹性排班、人员调配、人际关系
关联结构(R)	R-1 给出合理的 2 个及以上的线索
	R-2 并能将线索进行关联,整合为有机整体
	R-3[问题 1 关联线索]因果关系(如主次原因、内因外因)、现象到本质(如沟通不及时、不到位)等
	R-4[问题 2 关联线索]①影响范围:从个体到整体或从整体到个体。②影响时间:对现在和将来的影响
	R-5[问题 3 关联线索]从个体到整体,或从整体到个体,或从组织内部到组织外部
抽象拓展结构(EA)	EA-1 不仅能将案例中给出的线索进行整合
	EA-2 还能深入分析查找潜在的相关拓展线索
	EA-3 提出更具发展性、开放性结论
	EA-4[问题 3 拓展线索]护士长自省、管理冲突预见(提前沟通)、人力资源管理(紧急人力资源调配预案、合理安排外出人员培训人数)等

1.2.5　实施考核

学生完成"管理沟通与冲突"章节的学习后,采用开卷形式对学生进行考核,考试时间为30 分钟。

1.2.6　成绩评定

为了更客观准确的评定学生的考核成绩,课程组根据评价标准经过讨论给出了相应的回答示例(见表 3)。考核结束后先由 1 名"护理管理学"任课教师根据评价标准及回答示例对所有学生的答题进行评阅,再请另一名任课教师对其中一个班级 50 名学生进行评阅。

表3　"管理沟通与冲突"测试题回答示例（SOLO版）

题号	SOLO 等级	回答示例	等级赋值
问题1	前结构（P）	无任何回答，或答非所问	1
	单点结构（U）	一开始得到了特殊照顾，后因为取消照顾出现了一些不良情绪	2
	多点结构（M）	①怀孕，早孕反应明显，精力、体力均消耗大；②对护士长取消对自己的照顾后产生落差感	3
	关联结构（R）	①从照顾到取消照顾，护士长未提前和李护士做好沟通和解释，李护士的心理落差很大；②李护士怀孕已有4个月，大部分孕妇此时都会比较敏感，易产生从被关心到不被关心的错觉；③怀孕时正常上夜班，身体往往吃不消。护士长只是关注到科室人手紧张，未关注到李护士孕周在增加，身体负担也在加重	4
问题2	前结构（P）	无任何回答，或答非所问	1
	单点结构（U）	会影响护理工作服务质量，降低工作效率	2
	多点结构（M）	①心理上：造成身心疲劳的堆积，没有一个良好的心理状态去处理工作、生活问题；②行为上：护理工作不尽如人意	3
	关联结构（R）	①繁重的夜班工作，孕妇体力消耗大，再加上李护士对排班的不满和抱怨，使护士的夜班工作甚至白班工作都存在极大的安全隐患，容易出差错；②长期的负性情绪对李护士的身心健康也会产生不利影响，甚至影响胎儿正常发育；③与护士长之间产生矛盾、隔阂等，影响了护士长的管理工作；④容易把负性情绪带给患者，出现护患冲突，给医院、科室、个人等都带来不利影响	4
问题3	前结构（P）	无任何回答，或答非所问	1
	单点结构（U）	建议护士长找李护士好好聊聊，针对对话中谈到的主要问题进行适当的解释	2
	多点结构（M）	①及时跟李护士沟通，解开李护士的心结；②向护理部申请增调护士，暂时应援	3
	关联结构（R）	建议护士长：①作为护士长首先应意识到问题是普遍存在的，调整好自己的心态并注意关心下属；②考虑到问题产生的主要原因是未及时进行有效沟通，因此应选择合适时机与李护士沟通，关心其情绪低落等情况发生的原因，以及是否与夜班调整有关，主动向李护士解释调整其夜班的原因并得到理解；③根据科室人员实际情况进行排班，本科室内不能解决时，护士长向护理部提出护士调配申请，由护理部统一调配；④适时召开科室会议，稳定军心，关心安抚科室成员	4

（续　表）

题号	SOLO 等级	回答示例	等级赋值
	抽象拓展结构（EA）	①作为管理者，护士长应考虑本次管理冲突发生的根本原因，以及自身在管理中存在的问题，如对人力资源管理（人员培训安排及排班）的不当安排、沟通不及时、对下属关爱不够等；②目前急需解决李护士的情绪问题，应及时与李护士进行沟通，对自己在未及时沟通情况下的直接做决定表示抱歉，同时也解释这样做的原因，以消除李护士不满情绪；③动态观测夜班质量，进行弹性排班，合理安排夜班。夜班工作量较大时，适当增加夜班人力，比如排两头班等；必要时向护理部反映，请求护理部人力调配支援；④对今后的科室人力资源配置管理要充分做好预估，在排班上既要照顾孕产妇、体弱人员，也要保证工作高质量完成，还要兼顾人员培训等方面的需求，提前做好预案，并进行有效沟通，以避免同类冲突的发生，防患于未然	5

1.3　数据处理

将 100 位学生回答的等级分值和一般资料输入 Excel，用 SPSS 21.0 统计软件进行数据处理，描述学生答题等级分布，采用克伦巴赫（Cronbach）α 系数计算试题的内在一致性信度，采用 Spearman 相关系数评价评分者间信度。计量资料采用 t 检验和方差分析法，$P < 0.05$ 表示差异有统计学意义。

2　结果

2.1　学生答题 SOLO 等级评定结果（见表 4）

表 4　"管理冲突与沟通"试题 SOLO 等级评定结果汇总表

SOLO 等级-赋值	问题 1			问题 2			问题 3		
	人数	百分比/%	均值（x̄±s）	人数	百分比（%）	均值（x̄±s）	人数	百分比（%）	均值（x̄±s）
前结构-1	0	0	3.10±0.58	0	0	3.07±0.57	0	0	2.66±0.61
单点结构-2	12	12		13	13		41	41	
多点结构-3	66	66		67	67		52	52	
关联结构-4	22	22		20	20		7	7	
抽象拓展结构-5	/	/		/	/		0	0	

学生对问题 1 的作答评定等级均值为 3.10。12％的学生的回答为单点结构；大多数（66％）学生的回答呈现出多点结构，能够从 2 个及以上方面分析问题产生的原因，但也只是简单的罗列，如考虑到"夜班调整、李护士身体状况"等可能的原因，对问题本质，如"护士长未能提前沟通""对人力资源管理不合理"的方面的原因探讨的不够，对答题线索没有进行合理关联，没能给出逻辑性较强的因果结论；仅有 22％的学生的回答达到关联结构水平，能将线索进行合理的关联，对问题产生的前因后果进行合理的推理。

针对问题 2 的作答评定等级均值为 3.07。13％的学生的回答为单点结构；大多数（67％）学生的回答呈现出多点结构，能够考虑到对"护理工作质量""同事关系"的影响和后果；仅有 20％的学生回答达到关联结构水平，能对李护士自身、工作质量及组织效能等影响进行多方面分析，并将各方面的影响进行合理关联，形成有逻辑的推断与解释。

针对问题 3 的评定等级均值为 2.66，整体介于单点结构和多点结构水平之间。41％学生的回答呈现单点结构，解决问题的思路比较局限，大多数学生能够表述出"与李护士沟通"，且只有 1/3 左右的学生对沟通内容能进行合理阐述；52％学生的回答能呈现多点结构，提出了除"与李护士沟通"以外的问题解决方法，主要有"请求护理部调配护士""对排班或工作进行调整"等，但也只是简单罗列，未能就问题产生的原因与各项措施进行合理关联，形成一个条理清晰、逻辑合理的解决方案；仅有 7％的学生的答题达到关联结构水平，没有学生能站在发展的角度上，深入分析问题，抽象概括问题，在答题中未能看到有学生提出具有创新性、开放性的解决方案。

2.2 试题内部一致性信度

克伦巴赫（Cronbach）提出的信度公式（α 系数）是最常用一种信度检验方法[7]。本次测验，将学生对 3 个问题答题的评价等级结果进行统计分析后所得 Cronbach α 系数为 0.739（$P < 0.01$），说明试题的内部一致性信度较好。

2.3 评分者间信度

由两个评分者对同一测试进行阅卷评定，采用 Spearman 相关系数法计算不同评分者间的相关性，也就是评分者间信度[8]，3 个问题评定等级的 Spearman 相关性系数分别为 0.818、0.853、0.857（$P < 0.01$），说明试题的评分者间信度较高。

2.4 学生一般资料与 SCLO 等级比较

采用 t 检验和方差分析统计分析不同背景资料学生间本次答题在 SOLO 等级上是否存在差别（见表 5），结果发现只在回答第二问题时，在是否为班干部这一背景资料上存在显著差异，其他方面的差异都不显著。说明作为班级干部的管理经验对于提高学生的管理能力很有帮助。

表 5　研究对象一般资料与"管理沟通与冲突测试题"SOLO 等级比较($n=100$)

项目	例数/%	Q1($\bar{x}\pm s$)	Q2($\bar{x}\pm s$)	Q3($\bar{x}\pm s$)
户籍性质				
农村	76(76%)	3.07 ± 0.596	3.03 ± 0.588	2.64 ± 0.605
城市	24(24%)	3.21 ± 0.509	3.21 ± 0.509	2.71 ± 0.624
t/P 值		$-1.055/0.294$	$-1.362/0.176$	$-0.446/0.657$
生源性质				
中专起点	42(42%)	3.10 ± 0.656	3.00 ± 0.625	2.57 ± 0.630
高中起点	58(58%)	3.10 ± 0.519	3.12 ± 0.532	2.72 ± 0.586
t/P 值		$-0.070/0.944$	$-1.040/0.301$	$-1.246/0.216$
是否班干部				
否	78(78%)	3.04 ± 0.564	3.00 ± 0.577	2.63 ± 0.589
是	27(27%)	3.26 ± 0.594	3.26 ± 0.526	2.74 ± 0.656
t/P 值		$-1.693/0.094$	$-2.040/0.044^*$	$-0.808/0.421$
实习经历（>8 个月）				
无	28(28%)	3.04 ± 0.576	3.11 ± 0.497	2.68 ± 0.612
有	72(72%)	3.13 ± 0.580	3.06 ± 0.603	2.65 ± 0.609
t/P 值		$-0.693/0.490$	$0.402/0.688$	$0.190/0.850$
无实习	28(28%)	3.04 ± 0.576	3.11 ± 0.497	2.68 ± 0.612
二甲	8(8%)	3.25 ± 0.463	2.88 ± 0.641	2.50 ± 0.535
三乙	4(4%)	3.00 ± 0.000	3.00 ± 0.000	3.00 ± 0.000
三甲	60(60%)	3.12 ± 0.613	3.08 ± 0.619	2.65 ± 0.633
F/P 值		$0.345/0.793$	$0.372/0.774$	$0.611/0.609$

注:标"*"项表示 $P<0.05$。

3　讨论

3.1　基于 SOLO 理论的开放性试题及评价标准的可靠性分析

选择高年资且具有丰富护理管理经验和护理教育经验的专家组成评议专家,对评价标准各指标进行有效性验证。试题评价标准的内容效度为 0.94,说明其内容效度较好[9-10]。Cronbach α 系数为 0.739,表明评价指标体系具有较高内部一致性[7],考核成绩可以信赖。3 个开放性问题的评分者间信度系数分别为 0.818、0.853、0.857,均大于 0.8[11],表明两名教师对学生答题的 SOLO 等级评价较为一致。综上所述,本次考核采用基于 SOLO 理论编制的开放性试题和评价标准具有较好的信效度，考核结果比较真实准确地反映了学生解决"管理沟通与冲突"开放性问题的思维水平。

3.2　基于SOLO理论的开放性试题考核结果分析

从学生对问题1、2、3的作答情况看，学生思维水平大多处于多点结构水平，对问题产生的原因探究不够，缺乏将线索进行合理关联的能力。导致这一现象的原因一方面可能是大部分学生缺乏作为护理管理者的经验，已有的临床实习经历只能让他们更多的是从被管理者即李护士的角度去分析问题产生的原因，没能从管理者或者整体的角度去考虑问题。另一方面，学生缺乏将线索进行合理关联的意识和技巧，这可能与平时教学中未重视学生思维上关联能力的培养有关。这提示我们，在教学中应该注重培养学生运用逻辑思维对线索进行关联的能力。只有少部分学生能从管理者的角度去考虑问题并提出解决方案，提到"提前沟通""人力资源调配""合理安排工作"等措施，甚至有个别学生还难能可贵地站到更高的角度去分析解决问题，如提到"护士长应该自省工作存在的问题"。这说明部分学生具备一定的管理意识，能运用前期学习到的"护理人力资源管理"的相关知识来分析问题和解决问题，也说明学生在护理管理的思维能力方面具有提高的潜质。具体而言，专升本护理学生存在的主要问题是剖析问题角度较为单一，认识问题的广度和深度还有待加强，解决问题思路比较局限，欠缺对问题的整体思维能力。在临床护理工作中，护士的整体思维能力会影响到对患者健康问题的判断、分析和处理，从而影响护理质量。若护理学生在其在校学习和临床实习的过程中，其整体思维能力未得到有效训练，则在未来的护理工作中也难以从整体护理角度出发为患者实施整体护理。研究结果提示，急需采取有效的教学方法提升学生的整体思维能力。

3.3　影响学生思维水平的因素

将学生的SOLO等级进行分层比较，从统计结果看，是否有班干部经历在对问题2的回答上存在统计学上的显著差异（$P<0.05$）。有班干部管理经历的SOLO等级要高于没有的学生，究其原因，可能是以往的班级管理经历让学生能更全面的去考虑事物的结局，对可能产生的影响结果分析得更到位。但是由于曾经的班级管理经验和案例中的护理管理情境差别较大，除了担任班长、团支书、学生会或社团负责人等主要学生管理职位外，大多数学生担任的班干部职位所需完成的管理工作比较简单，对其管理能力要求较低，并不能对学生的分析问题和解决问题的能力产生很好的锻炼和显著的提升作用，因此是否有班干部经历在问题1和问题3的答题上未呈现出显著差异。我们认为学校教学或学校管理应该为学生创造更多参与学校、班级或社团管理工作的机会，让学生能从实践中获取一些基本的管理知识和经验，为学好护理管理知识和培养管理思维能力奠定基础。

不同的户籍性质和生源性质学生在SOLO等级上不存在显著差异，说明专升本护理学生的生活环境及文化基础与其本次答题的SOLO等级表现没有明显关系。有8个月以上实习经历的学生其 SOLO 等级并没有明显优于没有该经历的学生。不同级别医院实习的学生其 SOLO 等级也没有显著差异。王庆华等[12]在对不同类型的本科生进行评判性思维能力的调查时也发现,虽然专升本的学生有更多的实践经验,但在批判性思维总得分上并没有显著高于没有实践经验的本科生。这可能与专科时期的实习更注重专业知识和技能的训练和习得,对管理思维能力培养和评价的关注度不够有关。这也提醒我们,在专升本护理学生本科阶段的临床实践教学时,应更关注护理学生的管理思维能力的训练。为更好地提升专升本护理学生的管理思维能力,本科阶段的实习安排,可以有目的地安排专升本护理学生进行管理岗位的实践,如护理部、护士长助理等,分配相应的管理任务,并进行有效考核,以提高护理学生的管理思维水平。

3.4　基于 SOLO 理论的开放性试题及评价标准研制的意义

本研究的研究对象为我校已有 10 个月临床实习经历的全日制护理专业专升本学生,课程开设的目的是让学生能够更好地利用护理管理学知识,提高临床护理工作的效率,同时能够提高其在临床实际情境中的分析问题和解决问题能力。本课程主要采用临床典型案例的方式引导学生运用护理管理学知识点进行分析和解决问题,而学生的学习、思维水平能否与临床实际情境相结合就显得十分重要。为从多角度分析学生的思维水平,本研究采用"管理沟通与冲突"章节作为考核案例,无固定标准答案,言之有理、能反映学生更高层次的思维水平即可。因此本研究在以往传统闭卷考核的基础上引入 SOLO 等级理论研制开放性试题和评价标准,通过分析了解学生的整体思维水平,为后期开展针对性思维训练提供依据。另外,根据 SOLO 理论的起源及其优点与不足,可以将本研究中的教学评价方法作为传统教学评价方法的一种有益补充,通过与其他评价方法的结合,更准确地评价学习者的学习水平。本研究也需要拓展开放性案例库,从更多方面和更多角度更全面地评价学生的学习和思维水平。

4　结论与展望

综上所述,基于 SOLO 分类理论编制的"护理管理学"开放性试题及评价标准,在实际应用中有较好的信效度,可考虑将其加入传统的教学评价方法中进行补充,从而更全面地评价学习者的学习水平。测评的结果提示,学生的思维结构水平多处于中等水平,关联和抽象拓展层次的思维能力比较欠缺,需要进一步的教学改革来促进学生整体思维水平的提高。本研究局限于探讨护理学生在解决临床护理管理问题中的整体思维能力,研究结果还不够全面,还需要拓展更多案例库,更全面地评价学生的学习和整体思维水平。在今后的护理专业课程教学中,还可以尝试采用 SOLO 理论梳理课程教学目标和教学内容,完善教学设计,以便引导学生进行更好的关联及抽象,拓展高水平思维训练,提高其整体思维能力。

参考文献

［1］中华人民共和国教育部.普通高等学校本科专业类教学质量国家标准［M］.北京:高等教育出版社,2018:1.

［2］黄丽丽,王卫芬,陈霞敏,等.整体思维联合床边实例在急诊护理学生带教中的探索与实践［J］.中国高等医学教育,2018(10):79－80.

［3］BIGGS J B, COLLIS K F.学习质量评价:SOLO分类理论［M］.高凌飚,张洪岩,主译.北京:人民教育出版社,2010:18－35.

［4］KAYANI, MUHAMMAD A H, AJMAL, et al. Teachers' perception regarding examination based on solo taxonomy［J］. International Journal of Academic Research, 2010(3):208－211.

［5］王俊生.SOLO分类理论在高中地理开放性试题编制中的应用研究［D］.武汉:华中师范大学,2016.

［6］徐万朝.SOLO层级下高中生物开放性试题的命制研究［D］.长沙:湖南师范大学,2017.

［7］张奇.SPSS for Windows在心理学与教育学中的应用［M］.北京:北京大学出版社,2009.8.

［8］何佳,何惧,席雁,等.评分者信度的分析方法简介及比较［J］.中国现代医生,2007,45(6):76－77.

［9］胡雁.护理研究［M］.4版.北京:人民卫生出版社,2012:115－117.

［10］史静玲,莫显昆,孙振球.量表编制中内容效度指数的应用［J］.中南大学学报(医学版),2012,37(2):152－154.

［11］史润泽,李永刚,康晓凤.评分者信度测量在护理研究中的应用［J］.护理学杂志,2017,32(19):110－112.

［12］王庆华,郝玉玲,林振涛,等.不同类型护理本科生评判性思维能力调查与思考［J］.中国护理管理,2008,8(9):47－50.

Development and application of the open test questions of "Nursing Management" based on SOLO theory

Wu Jianjun, Fang Xin, Li Huifang, Chen Xinhua, Zhang Xiaolai

Abstract: To improve the overall thinking ability of nursing students upgrade from junior college to university to apply management knowledge to solve clinical nursing management problems, this study developed the open-ended test questions and evaluation criteria of "Nursing Management" course based on SOLO taxonomy, applied it to the "Nursing Management" course of nursing students from junior colleges, and analyze the overall thinking level presented. The research shows that the open-ended test questions and evaluation standards of "Nursing Management" based on the SOLO classification theory have good reliability and validity in practical applications, and can be considered useful to supplement traditional teaching evaluation methods, so as to evaluate more accurately. In addition, the students' thinking structure is still at a medium level, and the correlation and abstract expansion thinking are relatively lacking. Further teaching reform is needed to promote the improvement of students' overall thinking level.

Key words: SOLO taxonomy; nursing students upgrade from junior college to university; Nursing Management; thinking level

过程教学法在工程类课程教学中的应用效果
——以"软件需求工程"课程为例

梁峭岩　杨　平　吴玉佳

摘　要: 过程教学法多用于语言类教学中,主要通过实践写作、互评、指导、再写作等方式使学生获得写作能力的提高。这与从工程实践类岗位获得工作经验的过程类似。将语言教学中的过程教学法用于工程类课堂,模拟企业场景,将课程目标和实践锻炼融入教学,通过演练、互评、指导、再演练的过程,使学生达到强化知识、增长经验的效果。本文以"软件需求工程"课程为例,模拟企业需求评审会的场景,同时采用了小组合作学习的方式,探索了过程教学法在工程类课程教学中的应用方法和效果。

关键词: 工程类课程;过程教学法;软件需求工程;需求评审会

1　引言

　　培养造就更多卓越工程师和高质量技术技能人才,是推进我国科技自立自强,加快建设世界重要人才中心和创新高地的必然选择,对于建设教育强国、服务现代化建设,具有重大战略意义[1]。工程类教育的主要目标在于贴近生产实际培养企业所需要的卓越人才,学生如何能打下扎实的知识基础并培养过硬的工程素质,如何在工程教学中顺利融入企业工作流程,是工程类课程教学重要的努力方向[2-3]。当前的企业希望求职者具备相应的工作经验,学生则希望企业能提供机会以增长经验,实现这一目标的途径之一就是在课堂环境下融入企业工作流程以增长学生的工作经验。

　　过程教学法通常用于写作教学中,又叫作麦肯齐和汤普金斯的过程写作法[4]。其步骤可简单地描述为:①鼓励学生自由地写;②学生互评;③教师做分析和引导;④重写;⑤教师评阅。过程写作法的实践、获得指导、再实践过程与学生工程类岗位入职后所经历的过程非常类似,也是获得工作经验的典型过程。在工程类的课程教学中,可将此模式修改和具体化为:①课堂讲授;②既融入了知识,又能模拟工作场景的演练;③学生互评;④教师引导和评价;⑤再演练。

作者简介: 梁峭岩,高级工程师,硕士,主要研究方向为项目管理、前端及移动应用、增强现实,邮箱:qyliang@sandau.edu.cn;杨平,女,副教授,硕士,主要研究方向为机器人技术、算法设计与分析,邮箱:brightyang@126.com;吴玉佳,讲师,博士,主要研究方向为自然语言处理、数据挖掘,邮箱:yujiahb@163.com。

基金项目: 上海自然科学基金面上项目:"基于字符信息抽取的文本分类方法研究"(No.22ZR1445000)。

目前将过程教学法应用于非语言类教学的研究非常少，为此我们以"软件需求工程"（Software Requirements Engineering，下面简称为需求工程）课程为依托，探索过程教学法在工程类课程教学中的应用效果。

2　"需求工程"课程的特点

需求工程起源于 20 世纪 60 年代末，产生于大型软件项目的开发实践，至今仍是软件开发流程中重要且有挑战性的环节。"构建一个软件系统最困难的部分是确定构建什么。其他工作都不会像这部分工作一样，在出错之后会如此严重地影响随后实现的系统，并在以后修补时会如此困难"[5]。对于需求工程的探索从未停止过，从软件能力成熟度模型（Capability Maturity Model Integration，CMMI）到敏捷和后敏捷时代。直到今天仍然存在大量因需求的多次变更而导致延期或失败的软件项目。

工程类学科突出实践，强化应用，同时也非常重视基础理论的教学[6-7]。"需求工程"这门课具有显著的工程管理类课程的特点：①它是工程流程中不可或缺的一部分，在理论上还不够完美，必须在实践中渐渐积累经验，争取逐步提高[8]。②学生对于它所涉及的概念、场景和技术理解起来会有一定的难度，比如结构化分析、需求分析、统一建模语言（Unified Modeling Language，UML）、CMMI 等等。③"软件需求规格说明书"作为需求工程的产品之一，不仅需要被多方认同，而且无法当场验证。④"软件"作为需求工程的另一重要产品可能要由几十名甚至上百名程序员花费几个月的时间编写，仅从开发团队的人工成本方面来计算就非常可观。因此，需求工程的试错成本非常昂贵。

除上述特点外，需求工程的这些工作场景与学生的日常生活存在很大差距。同学们在常规的课堂上只能通过想象来了解这些场景，想象可能会遇到的问题，再想象这些问题的解决方法。但想象的结果是无法当场验证其有效性的。有时单纯的想象还不够，相关工作岗位还要求学生要具备相当的实践经验，这使教学的难度变得更大。

3　概念界定与研究假设

3.1　产出导向下的课程目标

教育部在《关于加快建设发展新工科实施卓越工程师教育培养计划 2.0 意见》[9]中指出，全面落实"学生中心、产出导向、持续改进"的先进理念，着力提升学生解决复杂工程问题的能力。因此，在对"需求工程"课程进行设计时，参考了某知名招聘网站上对于需求工程师职位的角色期望[10]，参照了市场对人才的需求。我们在原有理论知识的基础上增加了"企业环境认知、项目管理、技术与团队合作经验、市场知识与经验和表达能力"这 5 项与工作经验相关的教学内容，这 5 部分内容都是在工作中能起关键作用、被招聘单位高度重视的能力，与原有的 8

个理论知识点结合起来就形成了新的课程目标，以期培养出卓越的软件需求人才（见表1）。

表1　"软件需求工程"课程整体目标与就业市场需求[10]

| | | | 原有理论知识点 | | | | | | | | 产出导向下的新增目标 | | | | |
| | | | 需求开发 | | | | 需求管理 | | | | | | | | |
			需求获取	需求分析	编写规格说明书	需求验证	变更控制	版本控制	需求跟踪	需求状态跟踪	企业环境的认知	项目管理知识	技术与团队合作经验	市场知识与经验	表达能力
需求工程师职位的市场期望	初级需求工程师(无经验)	根据项目要求进行需求调研并整理按指导撰写规格说明书	√												
		按指导绘制系统原型客户演示	√		√						√		√		√
		协助理解需求			√								√		√
	中级需求工程师(通常从1~3年经验中选拔)	负责需求收集和分析	√	√		√					√		√		
		需求调研、竞品分析、功能改进	√	√							√		√		
		需求方案、规格说明书、原型设计等			√						√		√		
		上线后用户的优化跟进					√				√	√			
	高级需求工程师(通常从3~5年经验中选拔)	确定出有市场价值的需求												√	
		市场调研、分析、优化，开发立项									√	√	√	√	
		监督和跟踪开发过程的重要时间节点					√	√	√	√	√	√	√		
		负责产品优势特点的总结与发布												√	√
		配合重大客户的市场支持与拓展跟踪									√	√	√	√	√

3.2　研究假设

在对关键变量进行文献综述和对课程进行深入分析的基础上,提出如下研究假设:以"软件需求工程"课程为例,过程教学法对工程类课程的教学有显著的促进作用。

4　研究过程

4.1　研究设计

选取 2018 级、2019 级两个本科班级的学生作为研究对象。由同一位教师授课,教学方式、教学内容基本相同。首先进行课堂讲授(过程教学法的步骤 1);之后设计课堂练习,学生以小组的形式自选方向进行创业,每周有 2 个小组分别在课堂上模拟企业需求评审会的场景(过程教学法的步骤 2),同时由部分学生扮演程序员对该企业的需求进行评审(过程教学法的步骤 3)。教师在此过程中实时地进行引导和评价(过程教学法的步骤 4)。其他学生观摩整个过程,观察学习的同时也为自己小组未来的评审做准备(过程教学法的步骤 5)。采用观察法,对每周第 1 小组的课堂活动进行观察记录。教师通过课堂录像观看记录该小组在课堂演练中需要被纠正的次数。研究的自变量为过程教学法,因变量为针对不同的课程目标,小组学生在课堂演练中需要被纠正的次数。小组学生被纠正的次数越少,教学越成功。

4.2　研究工具

自编纠正次数观察记录表。自编了课堂练习中各小组所需纠正次数的观察记录表,以考查随着过程教学法的实施,针对不同的课程目标,各小组需要被纠正的次数。需要纠正的问题一般来自程序员角色的提问质量和教师的观察判断,此数据主要来源于对课程回放录像的观察记录。因此,需要纠正的学生的行为主要包括:对已教授知识的典型错误运用,学生的想法或计划可能会导致项目停滞或失败。比如,有一个组的想法是从网上批发零食和纸箱,每层楼在两个寝室门前摆放存有零食的纸箱,零食溢价 20%,纸箱上贴二维码,扫码后自取。计划一个月在本校完成,3 个月内推广到上海市大部分高校,一年后覆盖全国大部分高校,在此基础上做现金流的规划。但是,该团队根本无法回答如何能在三个月内推广到上海市大部分高校这一问题。另一个例子是小组要为在旅游区的拍照摊位开发小程序,经过教师提示推算出每个摊位每天至少要有 1000 元以上的营业额时公司才能盈利,这明显超出了常识。

自编课堂学生行为记录表。自编课堂学生行为记录表以考察从第三周起在课堂讲授阶段与课堂演练阶段学生行为的对比(从第三周起课堂讲授阶段与课堂演练阶段的时间相当)。包括学生主动回答老师问题的次数、学生主动提问的次数、教师制止玩手机的次数等。此数据通过教师课后回放录像记录所得。

4.3　教学设计

第一,教学过程。每周 4 课时,前 2 周全部为课堂讲授,第 3 周开始前 2 个课时保持课堂讲授,后 2 个课时依序请 2 个小组做课堂演练。其他未完成小组做准备。

第二,课堂演练设计。首先对学生进行随机分组。第 2 周课前在操场上,让同学们围成内外两圈,逆向转动,当教师突然喊停后,同学们自发与附近同学形成 4 人小组,要求 2 人来自内圈,2 人来自外圈。其次,对组员进行角色分工。每个小组中一位同学扮演老板,两位同学扮演需求工程师,另一位同学扮演程序员,组成团队自行选择项目方向进行模拟创业。然后每周请 2 个小组在课堂演练时段模拟展示企业的需求评审会。由老板介绍项目想法、盈利计划、现金流规划;需求工程师应用已经学习过的内容阐述项目需求,可以不包含未学习的内容。比如第 1 周展示的小组只需要阐述项目的前景、范围和涉众就可以,越在后期展示的小组在项目设计过程需要涵盖的学习内容就越多。本组的程序员协助评估本组项目的技术可行性,其他各组的程序员则组成程序员团队,坐在单独划分出的区域,现场提问,展示小组要现场回答这些问题。教师要负责全过程的引导和最后的现场评论,以及对老板和需求工程师角色打分。最后,所有小组的评审会结束后还要对所有的程序员角色打分。

通过这样的教学设计期望能解决以下教学挑战:

(1) 激发并保持学生的学习兴趣。在以前的课堂教学中,学生的大部分时间都在独立学习,通过课堂提问发现,学生普遍对大型软件项目的策划、管理、协调等话题了解得不多,兴趣也不高。而需求评审会是软件开发企业工作流程中比较关键的环节,也是各部门攻防对抗激烈程度较高的环节[11],将其设计在课堂教学之中,让学生现场模拟体会其中可能会面临的问题,这有效地调动了学生的学习积极性和兴趣。

(2) 增加学生对企业环境的认知。需求工程师的工作就是要直接接触客户,还可能同时与企业管理层、开发、测试及企业内部的其他多个部门进行沟通了解工作需求,但常常存在的问题时,一个企业不同的部门只负责一个工程的小部分职责,甚至有些部门只起到支持、协调的作用。然而,工程一旦出现问题,大家都容易把问题归结为与需求工程师的沟通不到位导致。因此,在沟通过程中需求工程师如何鼓励对方思考,如何准确表述对方的意见,如何了解没有直接表达出来的企业文化、项目背景和固有顽疾,以及如何对每个相关方都能提供帮助,这些都需要经验的积累。在我们的课堂演练中,需求工程师需要不断平衡老板和程序员的期望与困难,老板方面需要平衡预算、收益、士气等因素,这能够提升演练中各个角色对企业环境的了解程度。

(3) 推动学生开始思考项目管理的意义。工程类知识一般包括两个方面,即工程技术知识和工程管理知识[12]。同学们之前的生活很少涉及项目管理领域的内容,而在此练习中能有机会体验到。学生不仅能体验到作为其中的一个角色,本身需要做什么,还能体验到作为一个团队,如何合作完成团队的任务,体验其他角色的价值和意义。比如,老板期望其他角色配合自己,需求工程师期望程序员尽快开发,而程序员则要开发别人设计的又能满足雇主需求的东西等。同时大家对于各个不同的角色在这一情景中遭遇的困难也一目了然。此时教师可以自然地引入项目管理知识。

（4）发现技术上的不足。需求工程的目标不仅仅是提出功能要求，也要注意某些需求是否在技术上可行、实施起来是否顺畅等问题。这就要求学生对软件技术有广泛的了解，对关键技术有深入的认识，对技术前沿有实时的跟踪。需求工程师和程序员角色一旦进入需求分析环节，就很容易发现自己在技术上还存在很多不足。

（5）学生发现自身在市场知识与经验上的不足。在演练实施的过程中能观察到，作为老板角色的学生很容易夸大收入、忽视竞争、拍脑袋提需求。而扮演需求工程师的学生在需求细化过程中更容易缺乏对市场细节的了解，导致盲目做出承诺。比如对接第三方支付需要准备哪些材料的问题？通过适当引导，类似问题都可以被程序员角色的学生发现并提出来。

（6）表达能力得到锻炼。出色的表达能力需要有机会练习。需求工程师岗位对表达能力的要求比其他岗位高得多。一般来说，初级岗位需要在执行层面沟通，中级岗位需要同管理层沟通，高级岗位就可能同客户进行关键事务的沟通了[10]。在演练实施的过程中发现，随着过程教学实施次数的增加，后期小组各角色的表达能力都有所提高。

完整的课程流程及每个步骤能提高学生在哪方面的能力如图1所示。

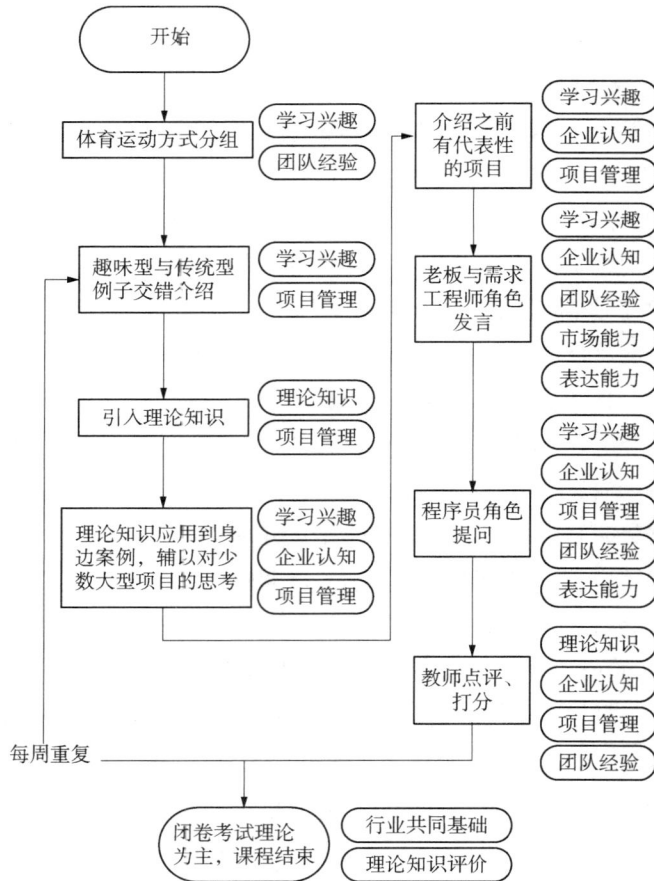

图1　"软件需求工程"课程完整流程与能力提升点

5　研究结果与讨论

5.1　学生在演练中被纠正次数数据处理结果

两个学年的数据都显示在首轮过程教学中暴露出来的问题最多,分别达到 18 个和 14 个(见表 2)。首轮过程教学对后面小组的提升也最大,需要纠正次数迅速减少,第 5 周不超过 5 次,第 6 周及之后不超过 2 次。2020—2021 学年及 2021—2022 学年需纠正次数的趋势如图 2、图 3 所示。需要注意的是,在本课堂演练的设计中重点考虑了学习动机及兴趣的激励,在动机和兴趣的支撑下(见表 3),学生的学习热情得到激发,学习投入度明显提高,验证了陶行知先生"在做上教,在做上学"的理论。同一知识点在不同项目上经过问题暴露、教师引导、学生问答等各环节几次循环之后,学生基本达到了该领域的入门水平,与 2020 年之前的全程课堂讲授方式相比,效果明显提升。

过程教学中各知识点运用的深度不同。本研究发现,那些问题容易暴露、可以直接应用的知识点,学生学习速度快,掌握牢固扎实。比如,最初几组的老板角色容易遗忘现金流的计算,确定需求时不考虑成本与完成周期,通过教师引导他们计算企业能持续多久,这一问题就很容易暴露出来,后面的小组会主动和精确的预估现金流的风险。而对于有些难以暴露问题的知识点,则学习进展缓慢。比如"涉众"这个概念,它不仅是项目运行阶段会牵扯到的角色,而且是在整个项目运行过程中都会涉及的角色,特别是在开发阶段。因为在课堂环境下无法模拟项目的市场化运行,只能通过教师直接指出,学生也无法亲身体会到涉众认定缺失会导致项目失去很多支持的情况,更无法体会到失去这些支持所造成的困境。我们的研究数据证实涉众这个知识点在第一学年的 2 个小组和第二学年的 3 个小组中都需要纠正,在之后的结课闭卷考试中也有多人答错。这也从反面证明了过程教学法的效力,在过程教学中无法模拟知识点,对于该知识点的学习效果就会大打折扣。

表 2　课堂演练中所需纠正次数的统计表

学年	周数	项目	前景与范围、涉众	需求获取	需求分析	界面图	企业环境的认知	项目管理知识	技术经验	市场知识与经验	表达能力	评审流程
2020—2021	3	宿舍零食箱	9	n/a	n/a	n/a	2	0	2	3	1	1
	4	类似小黑盒游戏聚合网站	0	1	n/a	n/a	1	1	1	2	1	1
	5	网络错题收集网站	0	0	1	2	0	0	0	1	0	0
	6	密室逃脱店点评	0	1	0	0	0	0	0	0	0	0
	7	穿搭推荐网站	1	0	0	0	0	0	0	0	0	0

（续　表）

学年	周数	项目	前景与范围、涉众	需求获取	需求分析	界面图	企业环境的认知	项目管理知识	技术经验	市场知识与经验	表达能力	评审流程
2021—2022	3	旅游区拍照摊位	6	*n/a*	*n/a*	*n/a*	1	0	2	2	1	2
	4	远程问诊 App	2	2	*n/a*	*n/a*	0	1	2	2	0	0
	5	宠物交易网站	0	0	2	1	1	0	1	0	0	0
	6	菜谱及热量	1	0	1	0	0	0	0	0	0	0
	7	高考志愿辅导	0	0	0	0	0	0	0	1	0	0

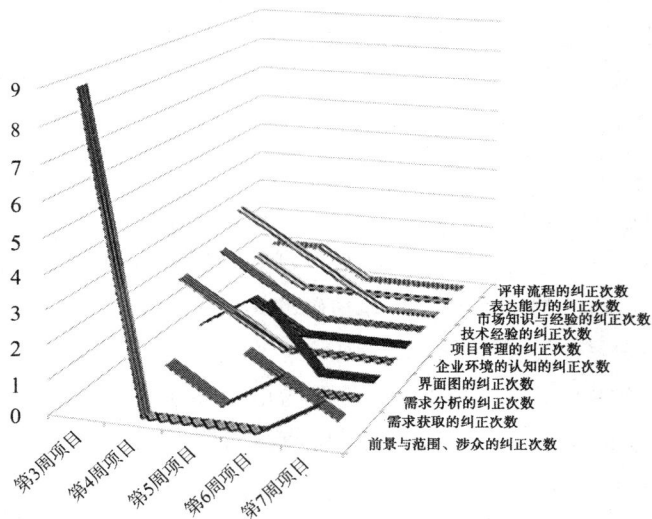

图 2　2020—2021 学年在各项目中需要纠正次数的趋势

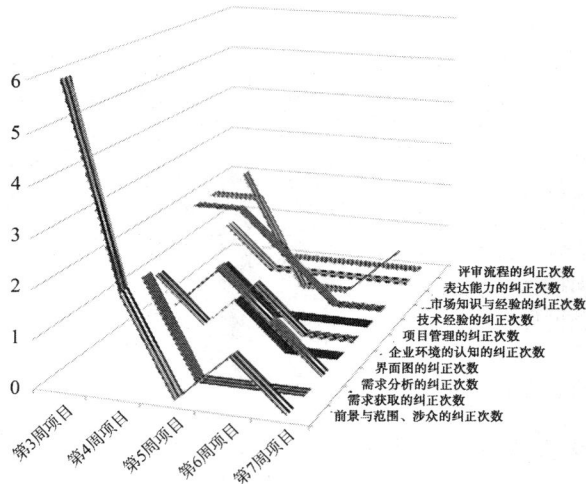

图 3　2021—2022 学年各项目中需要纠正次数的趋势

表3　课堂学生行为观察数据统计表

学年	周数	主动回答问题次数		主动提问次数		制止玩手机次数	
		讲授阶段	课堂练习阶段	讲授阶段	课堂练习阶段	讲授阶段	课堂练习阶段
2020—2021	3	2	6	0	7	2	3
	4	0	4	0	6	0	1
	5	1	6	0	5	2	0
	6	3	5	0	8	4	0
	7	1	7	0	5	3	1
2021—2022	3	0	4	0	7	4	2
	4	0	6	0	5	2	3
	5	2	3	0	4	3	3
	6	1	8	0	6	2	0
	7	0	5	0	4	0	0

5.2　课堂学生行为观察数据统计结果

（1）主动回答问题和主动提问的次数都大幅提高。采用过程教学法后，学生主动回答问题的次数至少增长了3倍，主动提问次数从零次升至几十次。在讲授式的教学中，老师可以提问，学生可以主动回答，也可以被点名后回答，但基本不会有主动提问的学生。而过程教学法通过构造一个场景，程序员角色必须要提问，没有提问就没有平时分数。如果问题不准确不仅分数低，还会被需求工程师角色追问。老板和需求工程师角色也必须要阐述项目，还要积极答复程序员提出的问题，不然就不符合他的角色任务要求。后面的小组也有强烈的动机认真观摩，因为他们之后也要站在讲台上阐述并被评分，他们需要从别人那里学习经验和教训。

（2）被评审的小组成员及程序员全体注意力始终很高，在此场景中他们是直接参与者。剩余的其他学生虽然不是程序员角色也会按捺不住想提问。当然，也有部分已经演练过的小组成员还存在玩手机现象。但与讲授阶段相比，练习阶段整体的注意力和参与度都大大提高了。

6　研究结论与反思

通过对研究数据的分析得出：过程教学法对工程类课程的教学有显著的促进作用。在工程领域，工作经验的增加主要来自不断的实践练习。教师通过设计合适的场景，让学生在课堂上进行多次演练，可以达到巩固知识、增长经验的双重效果。本研究中还引入了小组合作学习的方式，既模拟了企业的真实场景，也带有合作闯关的游戏性，使学生取得了显著的学习效果。

通过对过程教学法整个实施流程的反思，我们认为之所以取得比较好的学习效果，主要基于以下几个方面的原因：

（1）关注学生的学习兴趣。建构主义教学理论的主要代表人物布鲁纳(J. S. Bruner)认为,学习的好奇心、胜任感和互助欲是学习的三种内在动机[13]。当学习兴趣达到一定程度,学生就会喜欢投入和思考,教学方法的差别才会显现出来。因此任何教学的设计都要先考虑学生的兴趣,将激发学生的兴趣作为最重要的目标之一。

（2）选择合适的教学内容给学生提供练习的机会。教师拿出来让学生进行练习的知识点最好带有趣味性,同时又是课程的重要知识点。当然,活动的设计也要符合建构主义教学理论中激活工作要设计"具有最合适的不确定性"学习课题的动机原则[13]。本研究中模拟的需求评审会环节,与所教授的课程内容高度融合,是企业中需求团队的重要任务,成功后任务焦点就转移到开发团队,不成功就意味着开发团队还在等待。

（3）以小组成功为目标意味着组员之间会互相传授知识[14]。语言教学中的过程教学法多是单个学生重复这一练习过程[15],在本研究中主要以小组的形式进行。小组成员课前自行确定具体的分工和讨论如何完成任务,评审过程中程序员联合组也会提出一些比较尖锐的问题,学生在脑筋激荡中学到的更多。

（4）旁观的学生通过观摩其他组的过程教学也能收获经验和教训。本研究发现,扮演老板、需求工程师、程序员角色的学生通过观摩其他角色的行为表现学会了如何更好地配合,如何更好地完成自身的角色任务。全体同学通过观摩整个过程也引发了更深入的思考。

（5）学生自选的项目方向符合其他同学的兴趣需求,能获得其他同学的共鸣。教师能在这些学生感兴趣的项目基础上进行知识讲解,是享受也是锻炼,教学相长。

（6）过程教学法对教师来说也很有挑战性。本研究中各个小组的项目选题对教师来说都比较陌生,因此现场点评非常考验教师的知识应用能力和思考问题的周延性。现场也可以邀请企业导师加入点评,这样能更好地拓宽学生看问题的深度和广度。此外,学生们初次模拟创业,所选的项目可能在方向上就说不通,为了避免继续下去可能会伤害学生的学习积极性,教师一般会提前一周介绍和对比以往的优秀项目以及有缺陷的项目,让同学们有时间思考和酝酿。

参考文献

［1］教育部与中国工程院会商工程教育工作[EB/OL]. 2022 - 03 - 17[2022 - 06 - 16]. http://www. moe. gov. cn/jyb_xwfb/gzdt_gzdt/moe_1485/202203/t20220317_608418. html.

［2］朱高峰. 关于工程教育和一般教育问题的再思考[J]. 高等工程教育研究,2021(01):1 - 9.

［3］孔寒冰,邱秧琼. 工程师资历框架与能力标准探索[J]. 高等工程教育研究,2010(06):9 - 19.

［4］胡庆芳. 优化课堂教学[M]. 中国人民大学出版社:,201405.231.

［5］FREDERICK P BROOKS JR. . No Silver Bullet-Essence and Accidents of Software Engineering. [J]. IEEE Computer, 1987,20(4).

［6］陈以一,张伟平. 本科工程专业要立足于培养工程师——工程教育认证的"成果导向"理念与本科专业定位[J]. 高等建筑教育,2019,28(03):63 - 69.

［7］陈以一. 面向工业界　培养能干事善创新的卓越工程人才[J]. 中国高等教育,2013(22):11 - 13.

［8］卢梅,李明树. 软件需求工程——方法及工具评述[J]. 计算机研究与发展,1999(11):1289 - 1300.

［9］教育部　工业和信息化部　中国工程院关于加快建设发展新工科实施卓越工程师教育培养计划 2.0 的意见[J]. 中华人民共和国教育部公报,2018(10):13 - 15.

［10］前程无忧. 需求工程师就业前景指导[EB/OL]. 2022[2022 - 04 - 28]. https://baike. 51job. com/zhiwei/01471/.

［11］[1] 宋丽华,张建成,任强,赵占奎,刘永泉. 软件需求评审监理要点分析[J]. 信息技术与信息化,2011 (04):71 - 73.

［12］蒋祖华,苏海. 工程设计类知识管理技术研究[J]. 计算机集成制造系统,2004(10):1225 - 1232. DOI: 10. 13196/j. cims. 2004. 10. 56. jiangzh. 010.

［13］BRUNER JEROME S. The Process of Education:Revised Edition [M]. Harvard University Press: 2009 - 06 - 30.

［14］王陆,杨卉. 合作学习中的小组结构与活动设计研究[J]. 电化教育研究,2003(08):34 - 38. DOI:10. 13811/j. cnki. eer. 2003. 08. 008.

［15］姜炳生. 英语写作教学中的"过程写作教学法"再研究[J]. 西安外国语学院学报,2003(04):13 - 16. DOI:10. 16362/j. cnki. cn61 - 1457/h. 2003. 04. 004.

Leverage Tompkins Process Writing Model in engineering courses teaching practice——A case study on "Software Requirements Engineering"

Liang Qiaoyan, Yang Ping, Wu Yujia

Abstract: Tompkins Process Writing Model is mostly used in language teaching circumstance, include starting writing, evaluation, guidance, and rewriting steps. This approach is similar to the progress of getting experienced in engineering positions. Simulate a scene, integrate the course objectives and knowledge into this scene, acquire knowledge and get experienced in the classroom environment through the similar steps of Tompkins Process Writing Model. This article takes the course of "Software Requirements Engineering" as an example, simulates the scene of the requirements review meeting in software industry, combined with group learning method, to explore the possibility of leveraging Tompkins Process Writing Model in engineering courses.

Key words: Engineering course; Tompkins Process Writing Model; Software Requirements Engineering; Software requirements review meeting

地方高校专创融合教育体系构建与实施对策
——基于融合共生视角

宋丹霞　肖佑兴

摘　要：目前高校创新人才培养效果低于预期，一个非常重要的原因是创新创业教育未能有效融入专业教育体系。本文在文献梳理基础上，辅以问卷调查，分析地方高校专创融合教育中存在的问题，基于融合共生视角构建了地方高校专创融合教育体系；以广州大学为例，从人才培养目标、人才培养模式、课程教学体系、学习评价方式以及教学质量保障三方面的融合共生，提出专创融合教育的实施对策。

关键词：专创融合；教育体系构建；实施对策；融合共生

1　引言

近年来，随着我国国民经济的发展、国家综合实力的不断提升、缓解社会就业压力以及培养创新型人才等现实需求的增长，使创业教育作为一种新的人才培养模式，逐渐成为高校教育教学改革的热点，并已基本形成了政府支持、社会参与、高校实施、学生融入的良性格局[1]。地方高校作为我国高等教育体系的重要组成部分，承担着服务区域经济社会发展，为地方培养高素质创新人才的重任。目前地方高校在全面推行创业教育的过程中仍存在学生覆盖面窄，与学科和专业教育缺乏有机融合等问题，在一定程度上影响和制约了大学生创新创业能力的培养。这就要求地方高校创业教育模式应由单一方式向多元化发展，与专业教育、素质教育、就业教育、创新教育紧密融合、相互渗透，从而让大学生更快、更好地适应当地社会经济发展，实现自主创业、灵活就业。本文基于融合共生理论视角，以广州大学为例，在问卷调查的基础上，探析地方高校在专创融合教育中存在的问题，构建地方高校专创融合教

作者简介：宋丹霞，女，副教授，博士研究生，主要研究方向为企业数字化运营、创新创业教育，邮箱：dannasong@163.com；肖佑兴，副教授，博士研究生，主要研究方向为旅游管理、创新创业教育。

基金项目：2018年广东省高等教育教学改革项目："基于行动学习的大学生'创新创业实训'课程教学模式创新与实践"（粤教高函[2018]180号）；广州大学2021年度校级新文科教学改革项目："'新文科'背景下基于行动学习的工商管理专业创新型人才培养教学模式改革与实践"。

育体系,并探讨其实施对策,对切实提高地方院校大学生创新创业精神和能力,促进高等教育高质量发展,加快创新型国家建设具有重要的现实指导意义。

2　文献综述

2.1　相关概念的界定

2.1.1　专业教育的内涵及特点

专业教育是依据社会化的不同分工和多种学科细分的要求,把一定的专门知识进行分门别类的学习活动。专业教育是侧重于通过系统化的学科知识,培养学生在某一专业领域的知识与技能,从而为社会输送高素质的专门人才,具有一定的职业导向性[2]。我国的专业教育始于1952年,长期以来都是高校主要的教育形式[3]。高校专业教育具有"重理论、轻实践;重分工、轻综合"的特点[4]。随着社会的不断发展进步,这种单一的教育模式培养的人才已经无法满足社会对复合型创新人才的需求,创新创业教育改革正是解决人才供求矛盾的重要突破口[5]。

2.1.2　创新创业教育的内涵及特点

创业教育兴起于20世纪70年代的欧美国家,此后在西方各国政府的推动下,创业教育逐渐在全球掀起热潮[6]。创业教育在中国的发展始于20世纪90年代,大致经历了高校自主探索、试点开展、全面铺开三个阶段。之后在创业教育基础上增加了创新教育,也就是通常所称的双创教育。创新创业教育是强调以学生为主体,以培养和提高学生创新创业意识、精神和能力为根本目标,并由此带来教学理念、教学方式方法、教学考评等全方位改革的教育活动。有关双创教育的特点,目前较为一致的观点可以归纳为三个方面:①创新创业教育不是简单的创新教育和创业教育叠加,而是更加系统综合的教育模式;②创新创业教育不是针对部分有创业想法的学生开办的创业培训,而是面向所有学生,贯穿人才培养全过程的普惠性教育;③学生综合素质的提升是双创教育的根本目的和最终归宿[5]。

2.2　专创融合教育相关研究概述

近年来,专创融合教育已越来越受到教育界的重视,通过相关文献梳理发现,相关研究主要围绕为什么融合、融合中存在的问题以及如何融合三个方面。

2.2.1　专创融合的必要性研究

目前研究者在专创融合的必要性上已形成了基本共识,对二者的关系也有较为清晰的认识。江朝力等认为专创深度优化融合是二者紧密联系的必然趋势,有助于高等教育的改革和发展,有助于高校教育资源的整合和提升[7]。吴惠认为专业教育和创新创业教育是相互作用、相互影响、相辅相成的。专业教育是前提和基础,离开了专业基础,创新创业教育容易成为空壳化的形式,最终失去发展的动力和方向。创新创业教育则是升华和发展,是对当前满足社会人才新需求的补充和完善。实施专创融合教育,能够促进各学科专业的借鉴和互补,拓宽专业视野,激发专业教育新的活力[5]。

2.2.2 专创融合教育中存在的问题

对于专创融合教育中存在的问题,鞠晓红认为融合机制不健全、融合模式单一、融合师资力量薄弱、融合载体支撑有限是主要问题[8]。江朝力等(2019)认为现阶段专创融合存在模式固化、形式流于表面、师资欠缺、专创课程整合不足、缺乏有效的评价机制等诸多问题[7]。毛锦华等认为当前专创教育存在协同性差、系统性不足、融合难等问题,严重制约职业教育高质量发展和创新型人才培养[9]。吴惠认为高校管理层支持不够、教育理念落后、思想重视但行动迟缓、课程体系和考评体系不健全、师资队伍建设不完善等是专创融合中存在的主要问题[5]。

2.2.3 专创融合路径及对策研究

关于如何融合的问题,学者们也做了较多探讨。江朝力等提出构建专创融合的有效路径包括渗透专创融合教育理念,提高双创教育重视程度,建构立体化、多层次的融合式课程体系,加强专创融合型师资队伍建设,构建适合专创融合教育的考评机制[7]。鞠晓红(2019)提出了"四轴联动"式专创融合教育策略,运用机制协同轴做好顶层设计、课程基础轴将创新创业分层嵌入课程体系、师资推动轴培养专兼结合的专创融合师资、平台促进轴搭建递阶式专创教育实践平台[8]。李俊琦从教育理念、教学方法、教学设计、课程体系建设等方面对高职专创融合教学改革进行了综合分析和探讨[10]。倪向丽以财务管理专业为例,提出构建"四层次分阶递进"课程教学体系,以及构建"四个结合"的人才培养模式[11]。毛锦华等(2021)构建了"专创融合"课程体系和校园"三全育人"生态圈,解决双创教育和专业教育"两张皮"问题[9]。鲁夏平以高职物流管理专业为例,构建了专创融合教育的课程体系和实施保障机制[12]。吴惠提出了树立价值共创为目标的教育共生理念、构建以学科集群为核心的教学共生模式、推进以资源共享为基础的校域共生实践三条专创融合路径[5]。

通过文献梳理发现,相关研究已经对专创融合的必要性有了较为清晰和一致的认识、对专创融合教育存在的问题以及实施对策也有一定范围的探讨,但缺乏理论视角和数据调研,且多数研究集中于高职教育领域,或针对某些具体专业进行探讨,对专创融合中的课程体系建设以及师资队伍建设的研究较多,对于地方院校基于融合共生视角的专创融合教育体系的构建和实施对策的分析还较为缺乏。

3 地方高校专创融合教育存在的问题

为了解地方高校专创融合教育现状,笔者以广州大学为例,于2020年3月通过问卷星进行了问卷调查,调查围绕大学生创新能力测评以及专创教育融合实施现状两大部分展开共29题。共收到有效问卷444份,其中,362人来自商科专业学生,82人来自其他专业学生;男生133人,女生311人。通过对专创融合实施现状的调查分析,发现地方院校在专创融合教育中存在以下几方面问题。

3.2.1　学生对大学生创新创业教育的目标理解有误

在国内高校全面推动双创教育的过程中，很容易陷入一种运动式的创业教育，错误地把知识和技能的学习和掌握等同于学生素质的提升，把培养小老板型创业者等同于创新创业教育[13]。在调查中，发现学生参与创新创业教育活动的功利性成分较多，80.47％的学生参加创新创业比赛是为完成学校对第二课堂学分的要求，61.33％是为了给未来的求职简历加分，这是对大学生创新创业教育的误解，只会催生更多缺乏创新动力和企业家精神的精致利己主义者。因此在人才培养目标的设置中要更多融入商业伦理、职业道德、家国情怀、使命担当等情感思政目标。

3.2.2　以知识传授为中心的教育范式没有发生根本性改变

根据问卷调查，63.06％的学生认为自己最需要培养的创新创业能力是专业知识技能的运用，反映出当前的教育仍是纸上谈兵，学生学习到专业知识后，并不能将其运用到实际的创新创业活动中，而创新创业能力的培养在很大程度上依靠实践的积累和领悟。同时，对于教师的教学方式，65.54％的学生偏好"项目参与式"，57.21％的学生偏好"启发互动式"，56.76％的学生偏好"游戏体验式"。这充分说明学生希望在课堂上有更高的主体性、参与性、互动性以及灵活性，传统的"以教师为中心"的教育范式必须要转变为"以学生为中心"。

3.2.3　专创融合的课程教学体系尚未形成

在关于学校培养大学生创新创业能力的最主要方式的调查中，约76.35％的学生选择的是提供创新创业方面的选修课程，69.59％选择的是学术报告和讲座，66.44％选择的是参加创新创业比赛，而在专业课程学习中融入创新创业教育和参加老师的科研项目则相对偏低，分别只占39.19％和31.31％。可见专创融合的课程教学体系尚未形成，大学生创新精神和创新创业能力的培养是一个长期、全方位、多层次和潜移默化的渐进过程，不能仅仅依靠开办创新创业学院、创业管理专业或开设创新创业教育选修课程，专业教育与创新创业教育应有机融合。

3.2.4　专创融合教学质量保障体系有待完善

在推进创新创业教育与专业教育融合的有效措施方面的调查显示，选择比例较高的分别是搭建创新创业实训平台（占比59.46％）、开设"所学专业＋创业"试点班（占比54.28％）、开展创业项目孵化（占比53.83％）以及营造校园创新文化氛围等（占比41.89％）。此外，52.48％的学生认为缺乏教师的指导是影响提升创新实践能力的重要因素，可见专创融合的教学质量保障体系也有待完善。

4　融合共生视角下地方高校专创融合教育体系构建

4.1　融合共生理论视角

"共生"一词最早是由德国学者德贝里于1879年提出的，是指在自然界中不同属种的生物体,依据一定的自然关系而联合起来的状态。随着共生研究的不断深化,20 世纪中叶以来"共生"开始广泛运用于社会学等领域,后又逐渐被运用到了教育领域[6]。

4.2 地方高校专创融合教育体系的构建

根据以上对专创融合教育现状的调查和存在的问题分析,基于融合共生理论视角,从人才培养目标、人才培养模式、课程教学体系以及教学质量保障体系的融合共生四个方面构建出类似于房屋结构的专创融合教育体系,如图 1 所示,具体说明如下。

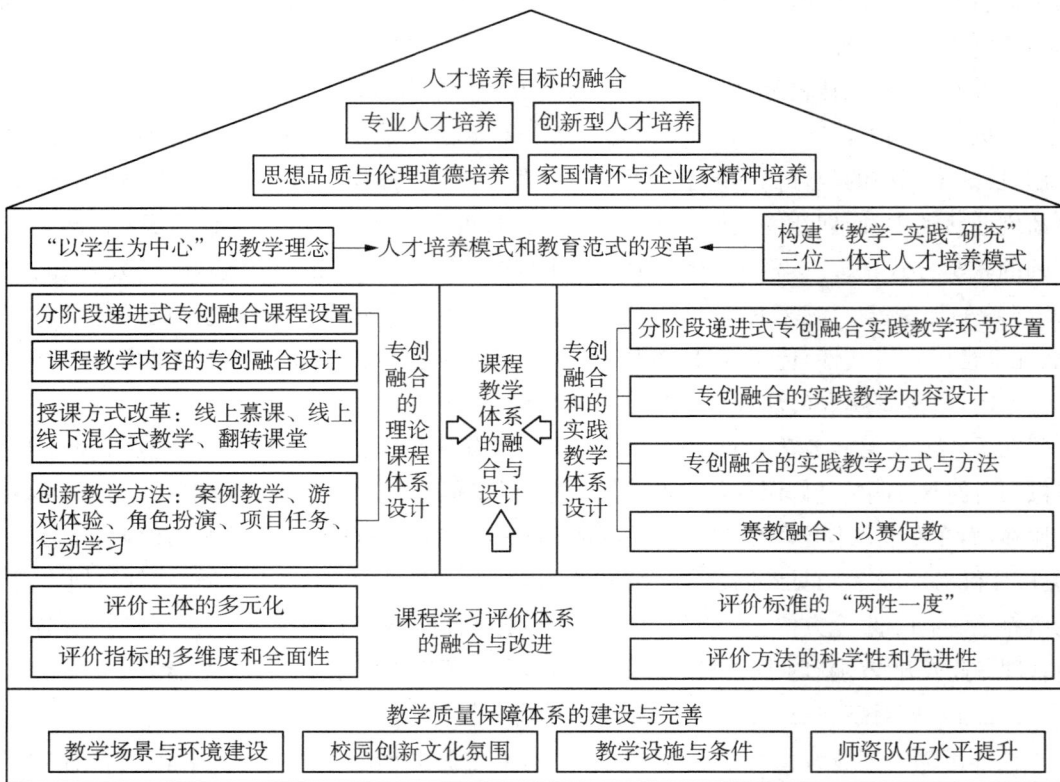

图 1 共生融合视角下地方高校专创融合教育体系

(1)房屋的屋顶是专创融合的人才培养目标,这是整个专创融合教育体系的最高目标和最终归宿,应将专业人才培养目标和创新创业人才培养目标有机融合,同时融入思政情感目标。

(2)房子的主体建筑包括天花板、房梁支柱、墙面和地板,教育理念和人才培养模式就好比是房屋的天花板,专创融合的教育理念应更加注重创新型人才的培养,由传统的"以教师为中心"转变为"以学生为中心",构建"教学-实践-科研"三位一体人才培养模式。房梁支柱墙面地面共同构成专创融合的课程教学体系,其中理论课程教学体系与实践教学体系是两个重要的房梁支柱,专创融合的课程设置、教学内容重构、教学过程再造和授课方式方法创新等是房屋墙面,地面则是专创融合的课程学习评价体系。

（3）房屋的地基是专创融合教学质量保障体系,主要包括教学场景与环境、教学设施与条件、校园创新文化氛围以及专创融合教学师资队伍等。房屋质量的好坏关键取决于房屋地基的牢靠程度以及房屋梁柱墙面的坚实程度,只有实现了课程教学体系、学习评价体系,质量保障体系的专创教育融合共生,才能确保高校专创融合人才培养目标的最终实现。

5　融合共生视角下地方高校专创融合教育的实施对策

5.1　人才培养目标的融合共生

目前,随着数智化时代的来临,社会对人才的需求发生了较大变化,高校的专业教育和双创教育目标将在聚焦于创新创业型人才的培养上实现统一,这也是专业教育和双创教育实现共生的基础,并随着共生关系的优化实现可持续发展[6]。地方高校在专创融合人才培养目标的设置上,不仅要聚焦于专业人才培养目标和创新创业人才培养目标的融合,还必须重视学生的思想道德品质和家国情怀教育,塑造非功利主义价值观。在德育教育方面,要根据高等学校课程思政建设指导纲要要求,将思想道德品质、家国情怀、商业伦理和企业家精神等思政情感目标融入,充分利用环境、劝诫、榜样、体验等,起到"润物细无声"的效果。要坚持"使命导向",对学生讲人文精神,通过倡导胸怀天下,来鼓励创业者肩负起推动中国经济发展的历史使命,培养"立足本地、着眼全球、敢创新、会创业"的复合型创新创业人才。

5.2　人才培养模式的融合共生

专创融合的人才培养模式不是将专业人才培养和创新创业人才培养进行简单的组合,而是要将双创教育贯穿到专业教育的全过程,要回归到人的创造力培养和心智的塑造,是思维和方法的融合,是教育的融合。在思维层面,需要帮助学生形成创新创业思维,即快速行动、在失败中学习和反思、然后不断提升。在方法层面,双创教育和专业教育都注重探索和发现问题,并创造性解决问题的能力,把想法变成现实[14]。专创融合的人才培养模式,应由传统的"以教师为中心、课堂知识传授为主、学生被动灌输式学习"模式转变为"以学生为中心、以创新创业实践能力培养为主、学生主动觅食式学习",构建"理论-实践-研究"三位一体式人才培养模式,如图 2 所示。该模式以融入创新创业知识的专业理论课程为起点,学生通过理论课程学习,积累专业创新和创业知识,并在此基础上进行专创融合的创新创业实践,通过理论与实践的融合互动,实现理论正向促进实践、实践反馈调节理论[15]。在理论教学和实践训练的互动进程中,教师带领学生针对现实问题进行专创融合的科学研究,撰写案例、研究论文、编写教材,实现知识创新,反哺和指导教学,实现教师和学生的价值共创。

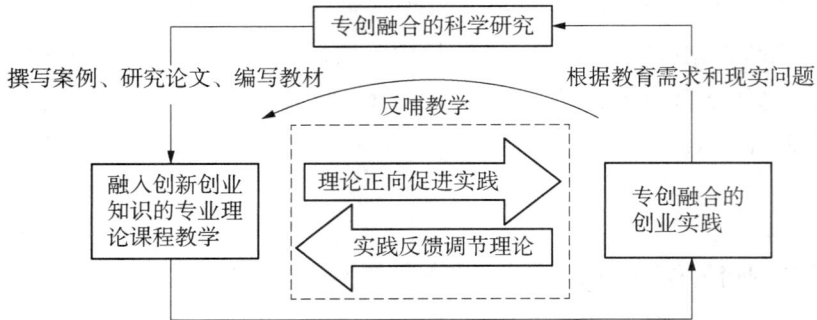

图 2　"理论-实践-研究"三位一体式专创融合人才培养模式

5.3　课程教学体系的融合共生

课程教学体系的构建是确保人才培养目标得以实现的重要基础。专创融合的课程教学体系重构主要包括分阶段递进式专创融合课程设置、教学内容的重构、教学方式方法的创新、学习评价体系的改进四个方面。

5.3.1　分阶段递进式专创融合课程设置

在专创融合的课程设置方面可根据不同年级学生的特点和需求，设置分阶段递进式专创融合课程，如表 1 所示。在大学一年级开展普及型通识创业教育，通过开设创新创业相关的通识类必修和选修课程，唤起学生的创新创业热情，培养创新意识，明确学习动机；在大学二、三年级结合专业必修和选修课程开展专业融合型创业教育，根据专业方向设置针对性较强的"创业＋专业"课程，在教学过程中注重学科交叉，适时增加专业热点和前沿问题的创新性探讨，通过专业领域创业案例分析等，启发学生的创新思维，提高学生对创业机会的识别和捕捉能力，把握时机进行创业；到大学四年级，对于部分已有明确创业意向的学生采用精英定制型创业教育，与学校创新创业学院联合为创业团队配备创业导师和专业导师，充分满足学生对专业能力和实践创业能力提升的需求，培养一批真正具备创新创业精神和技能的高素质综合性创业人才[14]。

表 1　"分阶段递进式"创新创业课程设置

阶段名称	学生年级	培养目标	课程类型	主要开设的创新创业相关课程（教材）
普及型通识创业教育	大学一年级	培养创新意识、创业精神、明确学习动机、启发创新思维	通识类必修、选修课程	《创业基础》《创新与发明》《创新思维与实践》《创意思维训练》《创业者素质测评》《带最好的创业团队》《创业心理学》《创意经济学》

阶段名称	学生年级	培养目标	课程类型	主要开设的创新创业相关课程（教材）
专业融合型创业教育	大学二、三年级	培养具有良好创新创业能力的专业应用型人才	创业＋专业必修/选修课程	《创业机会识别与利用》《商业模式创新与设计》《创新思维与创新管理》《创业计划书撰写》《创业资源获取与整合》《创新创业实训》
精英定制型创业教育	大学四年级	培养一批真正具备创新创业意识、精神和技能的高素质综合性创新创业人才	定制化、模块化小班教学课程	《创新创业实践》《创办你的企业》《精益创业》《新创企业战略管理》《创业投融资管理》《创践—大学生创新创业实务》

5.3.2　课程教学内容重构

在课程教学内容设计上，教师需要根据不同的课程性质、授课对象重构课程教学内容，将"双创"教育理念、内容全方位融入专业教育过程中，做到结合专业分类施教，强调课程思政的融入，强调知识的高阶性和前沿性，尤其是与数智化时代发展紧密结合的新理论、新方法、新思想，以更好地培养学生的创新创业能力。在普及型通识类创业课程的教学中，授课教师在课程内容的设置上要精心准备，既要深入浅出、通俗易懂，还要适时引入案例分享，唤起学生的创新意识；在开展专业融合型创业教育课程教学时，可结合专业课程教授创业必备的理论知识，既要深化专业知识学习，又要注重启发学生对所学专业的创新性探索。在开展精英型定制型创业教育课程教学时，可根据学生的创业意愿和实际需求，采用模块化和定制化的内容组合设计，真正做到因材施教。

5.3.3　课程教学方式方法的创新

在教学方式上，教师需要根据不同的课程性质、授课对象以及课程内容，不断创新教学授课方式，积极利用互联网等新一代信息技术改进授课方式，通过线上慕课学习、线上线下混合式教学、翻转课堂，加强师生互动和生生互动，实现教师与学生的价值共创。除授课方式的改革外，教师在教学中也需要不断创新教学手段和方法，可采用案例教学、角色扮演、行动学习、游戏体验等多样化的教学方法，提高学生的课堂积极性和参与度。比如通过游戏法让学生体验管理思维与创业思维的不同，通过头脑风暴的活动让学生体验创新思维，通过项目导向式行动学习，让学生在"干中学""边干边学"，提升学生的创新创业精神和能力。

5.3.4　课程学习评价体系的变革

传统的学习评价多采用单一的考试形式，这种基于结果的评价方式很难兼顾学生的学习全过程，不利于学生创新思维和能力的培养。专创融合教育的学习评价体系应更加注重评价方式的创新性和多维性以及评价方法的科学性和先进性，做到客观全面，并且与时俱进。在评价主体改革方面，可借鉴 360 度绩效评价方式，采用学生自评、同学互评、组长评价、教师评价、社会（客户）评价等全方位多主体评价方式，形成全面客观的评价结果。在评价指标维度方面,借助互联网和移动信息工具收集学生课堂出勤、课堂表现、小组作业、线上学习与讨论、线上阶段性测试等学习过程数据,做到教学全程可追溯,评价科学、透明、客观。在评价标准的设置方面,参考教育部对金课"两性一度"的要求,设置具有高阶性、创新性和挑战度的目标,实现创新型人才的培养。

5.4 教学质量保障体系的融合共生

专创融合教育的实施,离不开有利的融合工商环境建设,好的教学环境、教学资源和设施、校园文化氛围以及师资力量,为专创融合教育的实施提供了有力支撑与保障。

5.4.1 构建开放交流的多场景教学环境

大学是开放交流的学术殿堂,教学楼的作用不应仅限于上课使用。可在校园内构建更多的开放交流空间,如图书馆的自习室、师生讨论室、众创空间、休闲咖啡厅等,为师生提供随时随地可以交流互动的空间;课程的教学也不一定局限于教室这一单一场景,可以带领学生走出课室、走入社区、深入企业进行实地现场教学,为培养学生的创新创业能力构建开放交流的多场景教学环境。

5.4.2 加强教学资源和设备的管理与维护

教学设施是支撑教学工作的重要工具与手段,高校通过加大资金投入进行智慧课室改造,配备智能化教学设施设备、案例讨论室等,积极利用空闲教室打造流动交流空间;设计信息化的教学设备管理系统,安装雨课堂、云班课、学习通等教学软件,方便教师进行教学管理,活跃课堂;为教师提供线上教学平台,协助老师录制慕课视频,鼓励教师利用慕课等线上平台的丰富教学资源进行混合式教学改革;落实教学设备的日常维护检查,做到按时检查,及时维护。

5.4.3 构建激励创新的校园文化氛围

推进校园创新创业文化氛围的建设,也是专创融合教学环境建设的重要一环。高校可成立大学生创业社团或创业者俱乐部;积极推进第一课堂与第二课堂的融合,将社团活动、假期社会实践活动与创新创业教育融合,营造人人创新、争相创业的良好校园文化氛围;加大创新创业宣传力度,利用网络媒体和宣传栏在校园中推广宣传校友和学生中的创业典型人物,介绍创业政策;组织学生参观优秀的创业企业,定期举办创业论坛,邀请成功创业人士、企业高管开讲,让学生近距离接触企业家,切身感受创业文化;积极举办和承办各类创新创业大赛,以赛促教,赛教融合。

5.4.4 专创融合师资队伍建设

培养"双创"能力强的高水平教师队伍也是实现专创教育融合的有力保障。①鼓励教师定期参加本专业领域的学术研讨会和创新创业教学培训等,做到与时俱进,开阔视野、提升自身创新创业技能,以保证双创教育的效果。②改革教师考核制度和激励机制,构建以创新为核心的科研评价体系和以教学贡献为重点的考评制度,大力推动"一流课程""优质课""星级课"的评选与建设,鼓励专业教师积极进行课程教学改革与创新。

③学校教师发展中心，通过送教师外出学习培训、校内定期组织星级示范课程研讨会、雨课堂培训等方式，促进教师将学术研究与教学研究相结合，确保教学内容和方式方法的与时俱进。④在校企合作方面，加强与企业的合作，通过"请进来"的方式，邀请校外各行业专家、企业高管和创业成功人士等作为"双创"导师队伍，为学生提供科学的指导和帮助。

6　结语

习近平总书记在全国教育大会上强调，要"以创造之教育培养创造之人才，以创造之人才造就创新之国家"，把创新创业教育贯穿于专业人才培养全过程，让创新的基因根植于学生之中，培养造就更好适应和引领创新发展的各类人才。我们要深入学习贯彻总书记讲话精神，加强专业教育与创新创业教育的深度有机融合，不断满足数智化时代社会和市场对人才的需求，培养既有专业知识，又有创新创业精神和能力的高素质人才，加快实现教育的高质量发展，为建成创新型国家做出高校应有的贡献。

参考文献

[1] 李作战.基于品质和能力培养的大学创业教育课程体系设计[J].中国电力教育,2009,16:88-90.
[2] 薛天祥.高等教育学[M].桂林:广西师范大学出版社,2004:25-27.
[3] 黄福涛.高等学校专业教育:历史与比较的视角[J].清华大学教育研究,2016,37(2):6-14.
[4] 李鹏虎.我国高校专业教育模式的历史流变与发展进路——兼论高等教育内涵的重新审视[J].国家教育行政学院学报,2020,3(6):67-74.
[5] 吴惠.高校创新创业教育与专业教育融合共生的路径研究——以江苏省C大学为例[D].常州:常州大学,2021.6.
[6] 陈雪钧.国内外高校创业教育研究综述[J].重庆科技学院学报(社会科学版),2015,(1):113-116.
[7] 江朝力,张玉伟.基于专创融合的高校人才培养机制研究[J].湖州职业技术学院学报,2019,(3):9-11+15.
[8] 鞠晓红.应用型本科高校"四轴联动"式专创融合教育策略探究[J].教育现代化,2019,6(89):107-109.
[9] 毛锦华,梁艳,蒋梦涵."专创融合"课程体系设计与实施——以北京财贸职业学院为例[J].北京财贸职业学院学报,2021,37(1):59-63.
[10] 李俊琦."双高"视域下高职专创融合教学改革研究[J].北京财贸职业学院学报,2020,36(5):60-66.
[11] 倪向丽.高校"专创融合"教育教学体系的构建与探索——以财务管理专业为例[J].云南大学学报(自然科学版),2020,42(S1):153-157.
[12] 鲁夏平.高职物流管理专业专创融合教育课程体系研究[J].科技创业月刊,2021,(2):149-151.
[13] 魏江.小老板型创业教育要谨慎缓行![EB/OL].(2017-07-20)https://www.sohu.com/a/158728645_712209.
[14] 宋丹霞,马大卫,刘子英.创业胜任力视域下的高校创新创业教育实施策略分析——基于广州大学的调查[J].创新与创业教育,2019,10(4):30-36.
[15] 魏亚平,潘玉香,孙娟."教学-实践-研究"三位一体式创业教育体系构想[J].创新与创业教育,2013,4(4):27-30.

Construction and implementation Countermeasures of Integration system of professional and entrepreneurship education upon the perspective of Fusion symbiosis

—take the major of business administration in Guangzhou University as an example

Song Danxia，Xiao Youxing

Abstract：At present，the training effect of innovative talents in universities is lower than expected. A very important reason is that the entrepreneurship education has not been effectively integrated into the professional education system. On the basis of literature research，supplemented by a questionnaire survey，this paper analyzes the problems existing in the integrated education system of professional education and entrepreneurship education，and constructs the integrated education system upon the perspective of fusion symbiosis. Taking the major of business administration in Guangzhou University as an example，this paper provides implementation Countermeasures from five aspects：Fusion symbiosis of talent training objectives，talent training model，curriculum teaching system，learning evaluation methods and teaching quality assurance system.

Key words：Fusion symbiosis；Integration of professional and entrepreneurship education；Construction of education system；Implementation Countermeasures

线上授课效果及其提升对策的实证研究

刘春荣　粘朝慧　施雨纯

摘　要:线上教学成为新冠疫情下高校教学的常态化形式。教学方式的转变对高校师生双方、教学设施、教学环境等都提出了新的要求。本文从人因工程学"人-机-环境"系统论角度,通过检索和分析文献,整理出 115 个线上授课效果的基本影响因素(PIFs)用于问卷调研;借助因子分析法,提取影响教师线上授课效果的主要影响因素(MIFs)用于决策实验室法(DEMATEL)问卷调研;运用决策实验室法,挖掘支配线上授课效果的关键影响因素(KIFs),分析授课效果问题的影响机制。研究发现:①高校教师线上授课效果取决于分属 9 个维度的 20 个主要因素的影响;②"线上教学平台有互动性,学生课堂参与积极,师生互动融入教学活动"是影响高校教师线上授课效果的第一关键因素。这表明在线上教学环境下加强师生的积极互动是线上授课效果问题的首要抓手;③"教师与学生通过稳定的网络和完善的直播设备查看线上教学平台资源(课程录像和在线材料等)"对其他因素的影响最大。这表明"机(平台)"因素及其资源对线上授课效果的重要基础作用。最后,提出提升教师线上授课效果的对策建议。

关键词:虚拟教学环境;线上授课效果;影响机制;提升对策;决策实验室法

1　引言

新冠疫情防控期间,线上教学成为高校教学方式常态。在线上教学活动中,教师的线上授课效果、学生的线上学习效果等问题成为更加备受关注的课题。由传统课堂教学

作者简介:刘春荣,上海交通大学设计学院副教授,博士。主要研究方向为人因工程学、基于用户实证研究的设计策略。电子邮箱:cheeronliu@sjtu.edu.cn;粘朝慧,女,上海交通大学设计学院硕士研究生;施雨纯,女,上海交通大学设计学院硕士研究生。

基金项目:上海交通大学 2020 年教育教学研究项目"线上授课效果的影响机制与互动策略实证研究"(项目编号:JYJX200145)。

到全面线上教学的转变，对师生双方、教学设施、教学环境等都提出了新的要求。有别于传统课堂教学，线上教学平台和虚拟教学环境成为影响线上教学及其授课效果的重要因素。

传统教学中授课效果影响因素的研究，主要集中在"人（教师、学生、助教）""环境（教室）"及其之间的互动上。研究人员利用问卷调查[1]、实证研究[2,3]等方法对授课效果的影响因素进行研究。从人的方面进行考虑，作为"教"的一方，教师的内在特征如教学能力[4]、教学态度[5]，以及教师的外在表现如教学策略[6,7]、教学反思[8]、教学评价[9,10]都是授课效果的重要影响因素；作为"学"的一方，学生的内在特征如学习能力[11]、态度性格[12]、动机目标[13,14]，以及学生的外在表现如学习行为[15,16,17]也能够对授课效果产生影响。在环境方面，教学环境和社会环境的因素也被纳入研究范围，教学氛围[18,19]、学校环境[20,21]和家庭环境[22]等因素均在一定程度上对授课效果产生影响。在互动方面，师生关系[23]、互动方式[24,25]、互动效果[26]等重要因素成为研究重点。

在线上教学中，教师、学生、助教（即"人"的要素）通过其各自的电脑、手机等设施和线上教学平台［即"机（平台）"的要素］进行学习、互动；教师、学生、助教与各自的上课设备在居家网络环境下形成线上教学子系统，这些子系统又在互联网支持下构成分布式线上教学环境（即"环境"的要素）。这三个要素构成一个较为复杂的、人因工程学所指的"人-机-环境系统"。在线上教学活动中，线上教学平台是教师、学生、助教之间沟通的载体和媒介，有的研究人员利用眼动追踪[27]、数据分析[28,29]等方式对教学平台的影响因素进行研究，对教学平台特性、教学平台功能以及教学平台课程体系进行细致分析。此外，对于教学环境的改变，有研究表明线上虚拟环境如在线教学资源[30,31]、在线教学氛围[32,33]也是授课效果的重要影响因素。

从传统课堂到线上课堂，教学模式的转变给师生、学校都带来了极大的挑战，在线教学活动的授课效果也成了关注的焦点，但在现有研究中从系统论的角度对线上教学进行全面分析的较少，授课效果的影响机制也尚未明晰。因此，本研究从人因工程学"人-机-环境"系统论的角度，应用因子分析法和决策实验室法（decision-making trial and evaluation laboratory，DEMATEL），探究线上授课效果的关键影响因素及其影响机制，并寻求提升线上授课效果的策略。

2 研究方法与过程

本文主要采用文献调查法、因子分析法以及决策实验室法展开分析和研究。从"人-机-环境"系统论及其三要素的角度，对线上授课效果的影响因素进行广泛的搜集，整理得到基本影响因素（preliminary influencing factor，PIF）。以因子分析法[34]提取并归纳出主要影响因素（main influencing factor，MIF）。为了揭示问题内在逻辑关系[35]，对以 DEMATEL法问卷调研收集的数据进行运算和分析，从而发现线上授课效果的关键影响因素（key influencing factor，KIF)以及影响机制。

2.1 基本影响因素确定

从"人-教师""人-学生""机-硬件软件""环境-居家环境与虚拟环境""人-人互动(教师与学生)""人-人互动(学生与学生)""人-机互动""人-环境互动"以及"机-环境互动"九个维度对影响因素进行收集,并进行整理和归纳,得到115条基本影响因素。

2.2 主要影响因素提取

邀请参与过或正在参与高校线上教学活动的教师分别判断115个基本影响因素对线上授课效果是否具有影响,以及(有影响时的)影响程度。共回收有效问卷79份,其中41份来自男教师,38份来自女教师。他们的年龄均处于25~59岁之间,授课门类涵盖经济学、法学、文学、历史学、理学、工学、农学、医学、军事学、管理学以及艺术学。在地区分布上,40.5%(32名)受访教师处于上海市,其余调研对象分布在湖北、湖南、浙江、广东等18个省市。

对数据进行因子分析。在因子分析时,采用主成分分析法,提取特征值大于1的公因子。在分析结果中,总方差的解释率为84.372%,20个公因子能够反映出较高的信息量。

将20个公因子进行概括和描述,得到20个主要影响因素,如表1所示。

表1　主要影响因素

编号	主要影响因素(MIF)
MIF1	教师备课有广度和深度,对知识点进行总结归纳,讲课由浅入深,突出重点难点
MIF2	教师与学生通过稳定的网络和完善的直播设备查看线上教学平台资源(课程录像和在线材料等)
MIF3	教师了解学生的心理和习惯,教师、学生和家长有互动,师生关系平等,教学氛围愉悦
MIF4	线上教学平台有互动性,学生课堂参与积极,师生互动融入教学活动
MIF5	线上教学平台功能全面,例如教师发布考卷、随堂测试、在线评卷;学生阅读在线文本、观看视频、完成测试和作业等
MIF6	教师根据学生的学习起点和文化背景,和学生互动交流,引导学生理解知识
MIF7	学生的学习专注力和学习动机、自主学习能力、时间管理能力
MIF8	学生认同院校环境,随时访问在线材料进行课后复习
MIF9	教师的教学风格受认可,制订全面系统的教学大纲和考核标准
MIF10	学生之间协作分工、共享互助、有效交流
MIF11	线上教学平台有多人视频交流、举手发言、多功能的交互式电子白板等功能
MIF12	教师在院校有合作环境,及时对学生或学习小组进行课堂测试和课后答疑
MIF13	教师以实际项目为载体,课堂具有游戏性与实时互动性
MIF14	学生得到家庭、社会、同学和教师的支持,学习小组人数适当
MIF15	教师对作业进行过程性评价,最终课程作业以展览形式呈现

（续　表）

编号	主要影响因素（MIF）
MIF16	学生进行在线自测，增强科学精神和素养，提高在同学中的竞争力
MIF17	教师运用现代教育技术将理论与实际结合，线上教学环境有真实感与情景感
MIF18	教师进行线上考勤与提问，与不同专业、年级的学生进行沟通
MIF19	教师得到学校培训，教学过程受学校监控
MIF20	教师的外语水平

2.3　线上授课效果问题的内在结构分析

DEMATEL 法常常被用来探索复杂系统或问题的内在结构，通过分析要素之间的影响关系，发现关键影响因素，为后续措施提供重要抓手[36-38]。本研究中以20 个主要影响因素制成 DEMATEL 法问卷，邀请受访教师分别判断任意两个MIF 之间的影响关系及影响强度。限于 DEMATEL 法问卷调研的答题复杂性和工作量，研究人员一般使用小样本量，例如在一项绿色供应链管理的影响问题研究中，样本量为 10 份[36]；在一项关于中国加氢站发展的影响问题研究中，样本量为 13 份[37]；在一项关于可持续产品开发的研究中，样本量为 15 份[38]。本研究中 DEMATEL 法问卷共有 380（即 20 * 19）个问题，为防止受访教师答题时产生疲劳，将 DEMATEL 法问卷分为三部分发放，并且发放时间均间隔 5～7 天。此次调研共回收有效数据 22 份。

2.3.1　MIF 间综合性影响强度的分析

对 22 份有效数据进行平均化处理后得到直接关系矩阵，经过 DEMATEL 法分析得到直接/间接关系矩阵 T，如表 2 所示。求出矩阵 T 所有元素的四分位值 Q1 为 0.348，以该值为阈限值衡量两个 MIF 之间的影响强弱。若矩阵 T 中某个元素对应的行和列中的所有值都低于阈限值，表明相应 MIF 对问题结构的影响极为微小。因此后续探讨中可不用考虑该MIF。这里，"教师得到学校培训，教学过程受学校监控"（MIF19）以及"教师的外语水平"（MIF20）的影响作用可略去。

2.3.2　关键影响因素的挖掘

计算每个 MIF 所对应的中心度（D＋R）和原因度（D－R）指标的值，如表 3 所示。中心度表示某个因素的影响强度在所有因素总体影响强度中的相对权重，原因度表示某个因素对其他因素的影响程度或受其他因素影响的程度。从表 3 可见，"线上教学平台有互动性，学生课堂参与积极，师生互动融入教学活动"（MIF4）中心度值最大。这表明MIF4 是影响线上授课效果的最关键因素，对教师线上授课效果问题具有支配性影响作用，是提升线上授课效果的最重要抓手。

表 2　直接/间接关系矩阵 T

	MIF1	MIF2	MIF3	MIF4	MIF5	MIF6	MIF7	MIF8	MIF9	MIF10	MIF11	MIF12	MIF13	MIF14	MIF15	MIF16	MIF17	MIF18	MIF19	MIF20
MIF1	0.290	0.314	**0.382**	**0.442**	0.348	**0.375**	**0.391**	0.330	0.322	**0.368**	0.337	0.333	**0.359**	0.298	0.339	0.330	0.341	0.335	0.182	0.073
MIF2	0.341	0.289	**0.384**	**0.457**	**0.379**	**0.368**	**0.393**	0.348	0.309	**0.389**	**0.367**	**0.349**	**0.368**	0.307	0.346	0.346	**0.361**	**0.361**	0.189	0.070
MIF3	**0.351**	0.327	0.338	**0.460**	**0.358**	**0.397**	**0.402**	0.348	0.322	**0.388**	**0.354**	**0.349**	**0.376**	0.313	0.346	0.335	**0.357**	**0.358**	0.180	0.071
MIF4	**0.355**	**0.354**	**0.406**	**0.407**	**0.371**	**0.397**	**0.408**	**0.351**	0.319	**0.397**	**0.369**	**0.354**	**0.384**	0.317	**0.356**	**0.350**	**0.371**	**0.368**	0.188	0.072
MIF5	**0.354**	**0.362**	**0.406**	**0.472**	0.325	**0.387**	**0.405**	**0.369**	0.316	**0.401**	**0.378**	**0.367**	**0.384**	0.315	**0.356**	**0.356**	**0.374**	**0.371**	0.193	0.068
MIF6	**0.354**	0.328	**0.395**	**0.448**	**0.351**	0.325	**0.392**	**0.349**	0.319	**0.381**	0.344	0.341	**0.378**	0.311	0.335	0.332	**0.350**	0.348	0.174	0.070
MIF7	0.329	0.325	**0.378**	**0.444**	**0.349**	**0.369**	0.330	0.345	0.295	**0.391**	0.344	0.336	**0.361**	0.302	0.328	**0.357**	0.339	0.338	0.168	0.058
MIF8	0.290	0.288	0.321	**0.389**	0.316	0.317	0.336	0.251	0.252	0.335	0.296	0.300	0.307	0.256	0.293	0.301	0.286	0.288	0.144	0.051
MIF9	0.313	0.278	0.321	**0.380**	0.295	0.322	0.319	0.284	0.221	0.310	0.281	0.290	0.311	0.245	0.296	0.276	0.289	0.286	0.150	0.052
MIF10	0.278	0.269	0.317	**0.382**	0.296	0.312	0.337	0.284	0.242	0.274	0.295	0.290	0.307	0.262	0.286	0.293	0.278	0.285	0.138	0.048
MIF11	0.321	0.317	**0.360**	**0.445**	**0.355**	**0.354**	**0.359**	0.317	0.273	**0.372**	0.284	0.324	**0.352**	0.285	0.322	0.315	0.331	0.340	0.163	0.058
MIF12	0.300	0.280	0.333	**0.393**	0.316	0.333	0.336	0.302	0.262	0.324	0.293	0.254	0.315	0.261	0.302	0.287	0.295	0.301	0.150	0.053
MIF13	0.318	0.296	**0.358**	**0.420**	0.318	0.347	**0.352**	0.317	0.284	**0.352**	0.324	0.311	0.287	0.276	0.312	0.305	0.326	0.314	0.154	0.060
MIF14	0.261	0.253	0.312	**0.360**	0.280	0.300	0.321	0.273	0.239	0.330	0.278	0.273	0.285	0.206	0.269	0.273	0.261	0.268	0.133	0.045
MIF15	0.283	0.264	0.311	**0.371**	0.289	0.299	0.318	0.272	0.251	0.316	0.276	0.271	0.288	0.242	0.235	0.278	0.275	0.281	0.146	0.051
MIF16	0.271	0.266	0.304	**0.361**	0.289	0.300	0.328	0.281	0.240	0.315	0.274	0.275	0.285	0.248	0.265	0.233	0.274	0.273	0.136	0.051
MIF17	0.326	0.317	**0.367**	**0.427**	0.337	0.347	**0.356**	0.317	0.284	0.339	0.325	0.310	**0.352**	0.275	0.311	0.309	0.277	0.321	0.162	0.062
MIF18	0.295	0.287	0.341	**0.399**	0.307	0.330	0.331	0.292	0.262	0.322	0.296	0.297	0.304	0.258	0.288	0.279	0.293	0.256	0.154	0.056
MIF19	0.262	0.250	0.282	0.335	0.268	0.274	0.276	0.248	0.231	0.265	0.253	0.256	0.271	0.215	0.246	0.241	0.268	0.263	0.112	0.052
MIF20	0.118	0.093	0.113	0.131	0.103	0.123	0.110	0.102	0.092	0.108	0.105	0.104	0.110	0.091	0.097	0.098	0.116	0.108	0.050	0.017

注:加粗的数值表示该数值大于阈限值 0.348。

表3 中心度值与原因度值排序

MIF 编号	中心度值(D+R)	MIF 编号	原因度值(D−R)
MIF4	14.816	MIF19	1.801
MIF3	13.458	MIF2	0.963
MIF7	13.285	MIF20	0.853
MIF5	13.209	MIF5	0.708
MIF6	13.201	MIF1	0.483
MIF1	12.499	MIF9	0.182
MIF2	12.475	MIF11	0.176
MIF13	12.415	MIF17	0.058
MIF11	12.317	MIF6	0.048
MIF17	12.180	MIF3	0.002
MIF10	12.149	MIF14	−0.062
MIF18	11.708	MIF12	−0.294
MIF12	11.671	MIF7	−0.313
MIF8	11.597	MIF13	−0.352
MIF15	11.245	MIF8	−0.366
MIF16	11.162	MIF18	−0.418
MIF9	10.853	MIF15	−0.610
MIF14	10.502	MIF16	−0.627
MIF19	7.932	MIF4	−1.030
MIF20	3.129	MIF10	−1.204

2.3.3 MIF 间影响关系及其强度的直观表达

以中心度(D+R)值为横轴,原因度(D−R)值为纵轴建立笛卡尔坐标系,根据直接/间接关系矩阵进行因果关系图的绘制(见图1),将 MIF 间影响关系及其强度直观表达出来,有

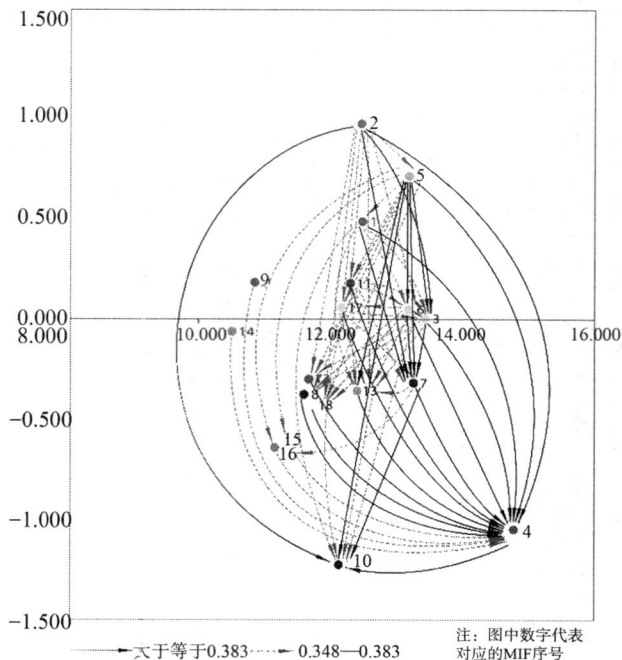

图1 因果关系

助于接下来分析问题的影响机制。如图 1 所示，箭头方向表示一个因素影响另一个因素的方向，实线表示其影响程度较强，虚线表示影响程度较弱。求出直接/间接关系矩阵所有元素的四分位值 Q3 为 0.383。影响强度大于 0.383 时用实线表示，大于 0.348 而小于 0.383 时用虚线表示。

3　线上授课效果的影响机制分析

如表 4 所示，对线上授课效果问题起主要支配作用（中心度值居前）的 MIF 依次为：“线上教学平台有互动性，学生课堂参与积极，师生互动融入教学活动”（MIF4）、“教师了解学生心理和习惯，教师、学生和家长有互动，师生关系平等、教学氛围愉悦”（MIF3）以及“学生的学习专注力和学习动机、自主学习能力、时间管理能力”（MIF7）是授课效果的关键影响因素。而“学生得到家庭、社会、同学和教师的支持，学习小组人数适当”（MIF14）、“教师的外语水平”（MIF19）、“教师得到学校培训，教学过程受学校监控”（MIF20）对授课效果影响较小（见表 3）。对其他因素总体上施加影响（原因度值居前）的 MIF 依次为：“教师得到学校培训，教学过程受学校监控”（MIF19）、“教师与学生通过稳定的网络和完善的直播设备查看线上教学平台资源（课程录像和在线材料等）”（MIF2）以及“教师的外语水平”（MIF20）对其他因素的影响程度较大。而“学生之间协作分工、共享互助、有效交流”（MIF10）、“线上教学平台有互动性，学生课堂参与积极，师生互动融入教学活动”（MIF4）以及“学生进行在线自测，增强科学精神和素养，提高在同学之中的竞争力”（MIF16）主要受其他因素影响（见表 3）。

表 4　中心度值与原因度值排名前三的 MIF

中心度值排名前三的 MIF	原因度值排名前三的 MIF
MIF4：线上教学平台有互动性，学生课堂积极参与，师生互动融入教学活动	MIF19：教师得到学校培训，教学过程受学校监控
MIF3：教师了解学生的心理和习惯，教师、学生和家长有互动，师生关系平等、教学氛围愉悦	MIF2：教师与学生通过稳定的网络和完善的直播设备查看线上教学平台资源（课程录像和在线材料等）
MIF7：学生的学习专注力和学习动机、自主学习能力、时间管理能力	MIF20：教师的外语水平

从图 1 可见，“教师与学生通过稳定的网络和完善的直播设备查看线上教学平台资源（课程录像和在线材料等）”（MIF2）、“线上教学平台功能全面，例如教师发布考卷、随堂测试、在线评卷，学生阅读在线文本、观看视频、完成测试和作业等”（MIF5）以及“教师备课有广度和深度，对知识点进行总结归纳，讲课由浅入深、突出重点难点”（MIF1）均对其他因素有较大影响。而“学生之间协作分工、共享互助、有效交流”（MIF10）、“线上教学平台有互动性，学生课堂参与积极，师生互动融入教学活动”（MIF4）以及“学生进行在线自测，增强科学

精神和素养，提高在同学之中的竞争力"（MIF16）主要受其他因素影响。"线上教学平台有互动性，学生课堂参与积极，师生互动融入教学活动"（MIF4）作为最为关键的影响因素，受"线上教学平台功能全面，例如教师发布考卷、随堂测试、在线评卷，学生阅读在线文本、观看视频、完成测试和作业等"（MIF5）、"教师了解学生心理和习惯，教师、学生和家长有互动，师生关系平等、教学氛围愉悦"（MIF3）以及"教师与学生通过稳定的网络和完善的直播设备查看线上教学平台资源（课程录像和在线材料等）"（MIF2）等其他因素的影响较大。由此可见人-机互动、人-人互动对于增强教学互动性具有极其重要的作用。

综合分析中心度与原因度指标及因果关系图，可发现："人-机-环境"系统中"机（平台）"的要素相关因素，即"教师与学生通过稳定的网络和完善的直播设备查看线上教学平台资源（课程录像和在线材料等）"（MIF2），对其他因素的影响力最大，如图2所示，它对"教师了解学生心理和习惯，教师、学生和家长有互动，师生关系平等、教学氛围愉悦"（MIF3）、"线上教学平台有互动性，学生课堂参与积极，师生互动融入教学活动"（MIF4）、"学生的学习专注力和学习动机、自主学习能力、时间管理能力"（MIF7）以及"学生之间协作分工、共享互助、有效交流"（MIF10）均具有较强影响，直接或间接对学生间的互动（MIF10）产生影响。其中，"教师了解学生心理和习惯，教师、学生和家长有互动，师生关系平等、教学氛围愉悦"（MIF3）、"线上教学平台有互动性，学生课堂参与积极，师生互动融入教学活动"（MIF4）、"学生的学习专注力和学习动机、自主学习能力、时间管理能力"（MIF7）为中心度排名前三的影响因素，对线上授课效果的影响作用都很大。

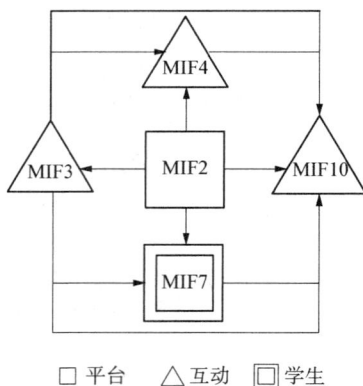

□ 平台　△ 互动　▣ 学生

图2　MIF2 影响路径

此外，"人-机-环境"系统中的教师、学生、线上教学平台的三维互动因素（"线上教学平台有互动性，学生课堂参与积极，师生互动融入教学活动"，即 MIF4）是对线上授课效果影响问题最具支配作用的因素。如图3所示，它受到"教师备课有广度和深度，对知识点进行总结归纳，讲课由浅入深、突出重点难点"（MIF1）、"教师与学生通过稳定的网络和完善的直播设备查看线上教学平台资源（课程录像和在线材料等）"（MIF2）、"教师了解学生心理和习惯，教师、学生和家长有互动，师生关系平等、教学氛围愉悦"（MIF3）以及"线上教学平台功能全面,例如教师发布考卷、随堂测试、在线评卷,学生阅读在线文本、观看视频、完成测试和作业等"(MIF5)等 12 个因素的较强影响,受到"学生的学习专注力和学习动机、自主学习能力、时间管理能力"(MIF7)、"学生认同院校环境,随时访问在线材料进行课后复习"(MIF8)、"教师的教学风格受认可,制订全面系统的教学大纲和考核标准"(MIF9)、"教师对作业进行过程性评价,最终课程作业以展览形式呈现"(MIF15)等 4 个因素的弱影响,并对"学生之间协作分工、共享互助、有效交流"(MIF10)有较强影响。这表明"人-机-环境"系统中"人""机""环境""人-人互动"等要素和关系均对教师、学生与平台的三维互动具有较强的影响。

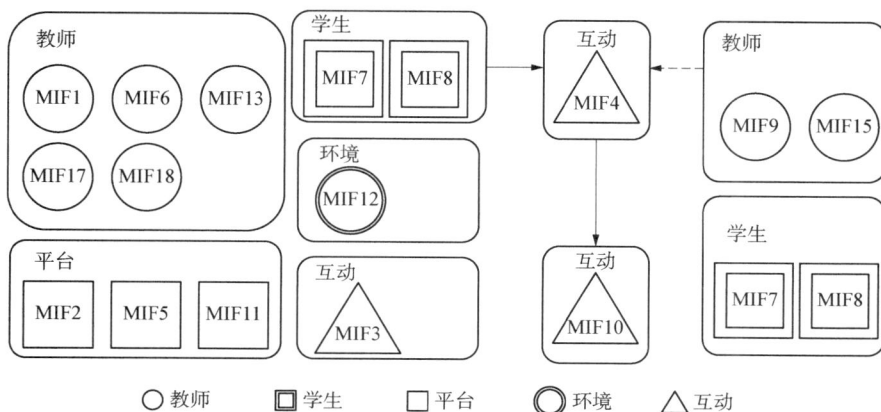

图 3　MIF4 影响路径

4　线上授课效果的提升对策

基于上述关于关键影响因素及影响机制的发现和分析,从教师、学生、平台、互动等 4 个角度提出提升线上授课效果的对策建议:

第一,对教师而言,要了解学生心理和习惯,根据学生的学习起点和文化背景进行备课,由浅入深制订教学内容,并注意与学生的互动交流,对学生进行有效引导。"教师、学生和家长有互动,师生关系平等、教学氛围愉悦"(MIF3)、"教师根据学生的学习起点和文化背景,和学生互动交流,引导学生理解知识"(MIF6)、"教师备课有广度和深度,对知识点进行总结归纳,讲课由浅入深、突出重点难点"(MIF1),均对"线上教学平台有互动性,学生课堂参与积极,师生互动融入教学活动"(MIF4)具有强影响,并且其中 MIF6 的中心度值排名第二,对线上授课效果影响较大,这表明教师的内在特征、外在表现以及师生互动等方面均能够对授课效果产生较大影响。

第二,对学生而言,要提升专注力,制订学习目标,进行自主学习。"学生的学习专注力和学习动机、自主学习能力、时间管理能力"(MIF7)是中心度值排名第三的影响因素,并且其对"线上教学平台有互动性,学生课堂参与积极,师生互动融入教学活动"(MIF4)有强影响,这表明学生的个人素质对授课效果既有直接影响也有间接影响,学生应提升个人的自主学习能力,与教师进行积极互动。这不仅有助于提升自身的线上学习效果,也有助于教师提升线上授课效果。

第三,在平台方面,线上教学平台应具备发布考卷、随堂测试、在线评卷、阅读在线文本、观看视频、完成测试和作业等功能,同时增强互动性,促进教师与学生的交流。以"腾讯会议"为例,实时的聊天互动群组可增强学生的课堂参与感,调动学生积极性,学生可通过聊天窗口提出疑问,教师进行实时答疑,并根据学生学习情况推进教学进度,在一定程度上提升了线上授课效果。"线上教学平台功能全面,例如教师发布考卷、随堂测试、在线评卷,学生阅读在线文本、观看视频、完成测试和作业等"(MIF5)的中心度值、原因度值均排名第四,并且其对"教师、学生和家长有互动,师生关系平等、教学氛围愉悦"(MIF3)、"线上教学平台有互动性,学生课堂参与积极,师生互动融入教学活动"(MIF4)、"教师根据学生的学习起点和文化背景,和学生互动交流,引导学生理解知识"(MIF6)等6个影响因素均具有强影响,这表明平台的功能性能对线上授课效果有重大影响。

第四,在互动方面,应积极推进教师、学生、平台进行多维互动,将师生互动融入教学环境中,营造平等融洽的教学氛围。中心度值排名前两名的影响因素"教师了解学生心理和习惯,教师、学生和家长有互动,师生关系平等、教学氛围愉悦"(MIF3)、"线上教学平台有互动性,学生课堂参与积极,师生互动融入教学活动"(MIF4)涉及教师、学生、家长的三维互动以及教师、学生与平台的三维互动,并且其均对"学生之间协作分工、共享互助、有效交流"(MIF10)具有强影响,其中 MIF3 对 MIF4 也具有强影响,说明教师、学生、家长的三维互动以及教师、学生与平台的三维互动能够促进学生与学生间的交流互动,教师、学生、家长的三维互动也能够促进教师、学生与平台的三维互动,可见互动是线上授课效果的重要保障。

5　结语

在新冠疫情防控背景下,在线教学突破了时间、空间等限制,能最大限度地保障高校教学活动展开。本研究基于线上教学活动的参与者人人依赖电脑硬、软件以及网络环境的教学新特性,从人因工程学"人-机-环境"系统论的角度,对线上授课效果的影响因素进行系统化的实证分析,挖掘对线上授课效果起支配作用的关键影响因素及线上授课效果影响问题的内在机制,进而从"教师""学生""平台""互动"四个角度提出线上授课效果的提升策略,对于疫情防控下高校教师提升线上授课效果和在线教学质量具有一定的现实参考意义。

参考文献

[1] 黄振中,张晓蕾.自主学习能力对在线学习效果的影响机制探究——兼论在线学习交互体验的中介作用[J].现代教育技术,2018,28(3):66-72.

[2] ZHU T. Implementation status and development thinking on "Cloud National Examination" in China

under the situation of "Online Anti-COVID-19 Epidemic" [J]. Technological Forecasting & Social Change，2021，162：1-9.

［3］王美英，韩艳秋."问题式学习"教学方法在检验科临床带教的效果[J]. 解放军预防医学杂志，2019，37（10）：184-185.

［4］张雪蓉，乔眹玥. 学习过程性评价实施效果分析——以 N 大学 G 专业为个案[J]. 职业技术教育，2018，39（14）：55-59.

［5］王晶心，原帅，赵国栋. 混合式教学对大学生学习成效的影响——基于国内一流大学 MOOC 应用效果的实证研究[J]. 现代远距离教育，2018（5）：39-47.

［6］高琳琳，高晓媛，解月光，等. 回顾与反思：微课对学习效果影响的研究——基于 38 篇国内外论文的元分析[J]. 现代远距离教育，2019（1）：37-45.

［7］刘智，刘三妤，康令云. 物理空间中的智能学伴系统：感知数据驱动的学习分析技术——访柏林洪堡大学教育技术专家 Niels Pinkwart 教授[J]. 中国电化教育，2018（7）：67-72.

［8］杜海清，朱新宁，汪弈. 专业导论课教学模式及学习效果评估与分析[J]. 北京邮电大学学报（社会科学版），2019，21（4）：85-95.

［9］郑燕林，秦春生. 研究生课程"探究型-混合式"教学模式的构成与教学设计[J]. 现代远距离教育，2018（4）：69-75.

［10］贺勇，聂鑫，梁珊珊，等."线上＋线下"形成性考核促进医学检验教学质量提升初探与实践[J]. 国际检验医学杂志，2019，40（11）：1399-1401.

［11］石莉红，骆艳妮，胡敏华. 情景案例结合导学互动教学模式在神经内科临床护理教学中的应用效果[J]. 解放军护理杂志，2019，36（5）：65-68.

［12］赵忠君，郑晴，张伟伟. 智慧学习环境下高校教师胜任力模型构建的实证研究[J]. 中国电化教育，2019（2）：43-50，65.

［13］沈欣忆，吴健伟，张艳霞，等. MOOCAP 学习者在线学习行为和学习效果评价模型研究[J]. 中国远程教育，2019（7）：38-46，93.

［14］HWANG G J, WANG S Y, LAI C L. Effects of a social regulation-based online learning approach on students' learning achievements and behaviors in mathematics [J]. Computers & Education, 2021, 160：1-19.

［15］吴绍靖，易明. 中小学教师网络学习行为对学习效果的影响[J]. 现代教育技术，2019，29（9）：101-107.

［16］杨婉秋，李淑文. 美国信息技术与中学数学课堂教学"深度融合"的实践探索——以 PhET 数学互动仿真程序的研发与应用为例[J]. 外国中小学教育，2019（8）：63-72.

［17］赵崴，姚海莹. 基于蓝墨云班课的混合式教学行为研究——以"现代教育技术"课程为例[J]. 现代教育技术，2019，29（5）：46-52.

［18］黄姗姗，张靖炜，吕文慧，等. 虚拟互动实验在经管类实验翻转课堂教学中的应用[J]. 实验室研究与探索，2018，37（7）：150-154，300.

［19］李惠杰，王洁. 高校学生学习效果评价过程化策略研究[J]. 教育现代化，2019（39）：3-5.

［20］陈臣，杨炫煌，于海燕，等. 基于线上线下混合教学模式的《化妆品微生物学》教学改革研究[J]. 香料香精化妆品，2019（6）：78-81.

［21］薛胜兰. 基于智能手机教学互动反馈系统的设计与应用研究[J]. 中国电化教育，2017（7）：115-120.

［22］罗长远，司春晓. 在线教育会拉大不同家庭条件学生的差距吗？——以新冠肺炎疫情为准自然实验[J]. 财经研究，2020，46（11）：4-18.

［23］张慧慧，苏畅. 基于交互式电子白板构建互动高效英语课堂教学的策略研究[J]. 中国电化教育，2017（4）：80-84，96.

［24］刘海军. 构建有效互动的 O2O 教学模式[J]. 教学与管理（理论版），2018（1）：49-51.

［25］孙燕云，何钰，吴平，等. 大学物理线上线下混合式大班教学模式初探[J]. 物理与工程，2019，29（5）：

85 - 89.

[26] 江波,高明,陈朝阳. 建构学习行为模式发现与学习效果关系研究——基于虚拟仿真的学习分析[J]. 远程教育杂志,2018,36(4):95 - 103.

[27] 王红艳,胡卫平,皮忠玲,等. 教师行为对教学视频学习效果影响的眼动研究[J]. 远程教育杂志,2018, 36(5):103 - 112.

[28] 马宁生,吕璐璐,方恺,等. 关联规则在移动学习中学习效果评价的应用研究[J]. 物理与工程,2019,29 (6):89 - 94,98.

[29] 厉旭云,王琳琳,梅汝焕,等. 生理科学实验课程线上、线下混合教学模式的学习效果评价[J]. 基础医学与临床,2019,39(12):1781 - 1784.

[30] 陈明选,董楠. 数字学习资源情感化设计与效果分析[J]. 现代教育技术,2019(4):54 - 60.

[31] 徐丹,唐园,刘声涛. 研究型大学学生类型及其学习效果——基于 H 大学本科生就读经历调查数据的实证分析[J]. 高教探索,2019(3):22 - 29.

[32] 杜颖,季梅,王辉,等. 高校教师专业学习共同体实施效果评估[J]. 经济研究导刊,2019(16):113 - 114,123.

[33] 刘潇,王志军,曹晓静. 基于用户体验的增强现实教材设计研究[J]. 教学与管理(理论版),2019(11): 75 - 78.

[34] 刘照德,詹秋泉,田国梁. 因子分析综合评价研究综述[J]. 统计与决策,2019(19):68 - 73.

[35] SHIM T E, LEE S Y. College students' experience of emergency remote teaching due to COVID - 19 [J]. Children and Youth Services Review, 2020,119:1 - 7.

[36] WU H H, CHANG S Y. A case study of using DEMATEL method to identify critical factors in green supply chain management [J]. Applied Mathematics and Computation, 2015,256:394 - 403.

[37] XU C, WU Y, DAI S. What are the critical barriers to the development of hydrogen refueling stations in China? A modified fuzzy DEMATEL approach [J]. Energy Policy, 2020,142:1 - 14.

[38] SINGH P K, SARKAR P. A framework based on fuzzy Delphi and DEMATEL for sustainable product development: A case of Indian automotive industry [J]. Journal of Cleaner Production, 2020, 246:1 - 15.

An Empirical Study of Online Teaching Effect and its Promotion Strategy

Liu Chunrong, Nian Zhaohui, Shi Yuchun

Abstract: Online education becomes a normal mode for teaching activities in higher institutions under the Infectious disease epidemic situation. The transformation in mode of teaching activities puts forward new demands on both college teachers and students, teaching facilities and teaching environment and so on. From the perspective of 'man-machine-environment' system in human factors and ergonomics discipline, 115 preliminary influencing factors (PIFs) were summarized for questionnaire survey by qualitative analysis based on reviewing near 120 articles. A factor analysis process was then conducted to extract 20 main influencing factors (MIFs) impacting upon online teaching effect of college teachers and used in DEMATEL questionnaire survey. The key influencing factors (KIFs) dominating online teaching effect are further unveiled and the influence mechanism inside online teaching effect problem was explored by DEMATEL method. The findings show that ① online teaching effect of college teachers depends on 20 MIFs classified into nine categories; ② the first KIF to online teaching effect is 'The interactivity of online teaching platform, students' actively participation in online class and teacher-students interaction integrated in teaching activity', implying that it is the first handler to online teaching effect problem to strengthen teacher-students interaction in online education environment; and ③ the factor having the strongest influence upon other factors is 'Resources such as class videos and online materials on online teaching platform are accessible to the teacher and students through stable network and by perfect broadcasting devices', implying that 'Machine' factor, i. e., platform, together with resources on it, plays an important fundamental role. Finally, strategies are suggested for promoting online teaching effect.

Keywords: online education environment; online teaching effect; influence mechanism; promotion strategy; DEMATEL

采用大班授课小班辅导形式的线上课程学习效果研究

田社平　乔树通　王力娟　张　峰

摘　要:基于工科平台课程"基本电路理论"的线上大班授课小班辅导的教学实践,探究线上学习的效果。选取线上教学的一个班级为实验班,一个往届线下教学班级为对照班,以期中、期末考试成绩和课堂练习成绩为主要对比数据,辅以行为观察数据和质性资料分析,比较实验班和对照班的学习效果。研究表明,线上大班授课小班辅导的教学和线下教学的学习效果相当。作者认为,为保证线上教学的学习效果,应注意如下几点:①教师是实施有效线上教学的关键;②根据课程的特点采用合适的线上教学形式;③良好的教学支撑体系是开展有效线上教学的保障;④充分利用信息技术来辅助教学,保证学习渠道的多样性;⑤采用合适的课程教学评价方式,确保对线上学习效果的准确评价和持续改进。

关键词:线上教学;大班授课小班辅导;学习效果

1　引言

2020 年初,一场始料不及的新冠疫情暴发,一时间各行业都遭受了不小的影响和冲击,包括高校在内的各级各类学校也未能幸免。为阻断新冠疫情的蔓延,各地高校纷纷响应教育部"停课不停教""停课不停学"的号召,开启了线上网络授课和学习的模式,利用信息化技术,探索教学模式变革,保证课程质量,实现在线教学与线下教学的实质等效。

疫情期间的高校在线教学,全区域、全覆盖、全方位实现了"停课不停教、停课不停学"。[1]在线教学也从"新鲜感"走向"新常态"。基于互联网、云计算等计算机技术的"云课堂"以其高效、便捷、实时互动的远程教学课堂形式,带来了传统教与学形式的全新变革。在这种情况下,及时总结在线教学的经验,对在线学习效果开展评价,显得尤为必要。为此,我们以上海交通大学工科平台①课程"基本电路理论"为依托,基于网络线上教学实践,比较线

作者简介:田社平,副教授,工学博士,邮箱:sptian@sjtu.edu.cn;乔树通,讲师,工学博士,邮箱:qiao_shu_tong@sjtu.edu.cn;王力娟,女,副研究员,教育学博士,邮箱:wanglj0407@sjtu.edu.cn;张峰,教授,工学博士,邮箱:fzhang@sjtu.edu.cn。

基金项目:上海交通大学教学发展中心研究项目(CTLD20T 0028、CTLD20L 0002)。

上线下的学习效果,探究线上教学与线下教学是否等效。

2　概念界定与研究假设

2.1　大班授课小班辅导

将线下教学形式完全改变为线上教学形式,所面临的不仅仅是教学形式的改变,而且课堂教学方式、教学组织形式、教学资源呈现、课程课外辅导、学习效果评价等都发生了根本性变革。教师从熟悉的线下教学转向陌生的线上教学,其课前的教学准备、课中的教学实施、课后的总结与反馈等都面临一系列挑战。为取得良好的教学效果,充分利用线上教学不受空间(教室)限制的特点,本研究采用大班授课小班辅导的教学形式。所谓大班授课,指将多个平行班进行并班授课,由一个课程骨干教师主讲。而小班辅导指对学生的课外辅导、答疑,仍采用线下自然班的形式由多个教师分别负责。大班授课小班辅导较充分地利用了线上教学的优势,保证了线上课堂教学的效果,同时也保证学生的答疑、辅导能够得到较充分的关注。

2.2　学习效果

学习效果是学生学习一门课程时所取得的成绩或成果,它往往通过评价加以体现。学习效果本身的特点使得对它的评价是一个复杂的问题。[2,3]首先,学习效果有长期和短期效果。有些学习效果不是当下就显现的,要经过多年后才可能显现。即使对短期效果也存在测量困难。其次,教学活动与效果之间的因果性很少是一一对应关系,经常是一因多果和一果多因。此外,在学习效果测量中广泛使用统计学方法,而统计学只能显示相关性而不能显示因果性。尽管如此,这并不意味着学习效果不可评价。对课程教学而言,学习效果评价的基本依据就是课程教学目标。目前高等教育领域常用的学习效果评价方法有:选择题测验、对错解释、论文报告、在线面对面讨论、自我绩效评估、案例研究分析、音视频制作、博客、在线测验、学习档案袋、期中/期末考试以及各种评价量表等等。[4-6]在教学实践中采取何种学习效果评价方法,必须结合课程性质、特点以及教学目标来决定。[7]

本研究以 2019—2020 学年第 2 学期线上开设的上海交通大学工科平台课程"基本电路理论"为例探讨线上教学的学习效果。该课程主要讲授电路的基本理论和基本分析方法,具有很强的系统性和理论性,同时也具有极强的工程应用背景。通过该课程的学习,不仅能够掌握课程知识,而且也能锻炼思维能力和工程应用能力。课程教学目标为:①掌握电路理论的基本概念、方法和原理,培养分析和设计工程电路的能力。②掌握理想化模型抽象方法在电路工程实际中的应用,认识解决复杂工程问题的一般模型化方法。③通过系统性分析方法的学习,培养学生严谨的科学研究作风和踏实认真的研究态度。④通过分析和求解复杂电路问题,培养学生定义问题和解决问题的能力。⑤通过工程实际应用与设计,培养学生工程创新设计思维和能力。

根据课程性质、特点和教学目标,本研究选取课程期中考试(考核目标 1~4 的达成情况)成绩、期末考试(考核学习目标 1~5 的达成情况)成绩、课堂练习(考核学习目标 1、2、3、5 的达成情况)成绩、学生问卷调查和访谈调查(考核学习目标 1、3 的达成情况)、师生交流反馈(考核目标 1~5 的达成情况)、教师观察(考核目标 1~5 的达成情况)、学生作业(考核目标 1~5 的达成情况)、出勤率等数据资料作为线上学习效果评价的依据。

2.3 研究假设

采用大班授课小班辅导形式的线上教学和线下教学的学习效果相当。

3 研究过程

3.1 研究设计

3.1.1 研究对象

经过持续建设,"基本电路理论"课程是国家精品课程(2007 年)、国家精品资源共享课程(2013 年)、国家精品在线开放课程(2017 年)。按照大班授课小班辅导的教学形式,将 10 个线下自然班并班为 2 个大班。以线上教学主讲教师主讲的一个大班(实验班)以及该教师主讲的一个往届线下班级(对照班)为研究对象,考察课程在线学习效果。

实验班与对照班情况如表 1 所示。主讲教师对课程具有较深入理解,讲授该课程超过 20 轮。除了线上/线下教学形式和教学时间不同外,两个班级的教学内容、教学目标和教学过程基本一致。研究的自变量为不同的教学模式,即线上/线下教学模式,因变量为线上/线下教学的学习效果。

表 1　实验班和对照班的基本情况

	人数	学时	面向专业	教学形式	教学时间
实验班	419	64	工科类专业	网上直播授课	2019—2020 学年第 2 学期
对照班	97	64	工科类专业	线下课堂讲授	2018—2019 学年第 2 学期

3.1.2 教学安排

为保证线上学习效果,课程组在开学之初就对教学过程进行了精心部署。除大班授课小班辅导的教学形式外,主要措施包括:

(1)充分利用线下教学时已经建设好的资源。这主要包括继续使用课程慕课网站(好大学在线),将自编教材《电路基础》电子化并上线,课程讲义进一步优化以适应线上教学。

(2)充分利用线上教学的优势。采用 ZOOM 直播教室开展直播教学。将 10 个平行班分作两个大班,由课程组中两名最富教学经验的教师担任主讲,其他教师辅助大班答疑。同时加大网上定期答疑的频次,确保每周至少两学时的答疑时间。

（3）充分利用各种信息技术和工具来辅助教学。这主要包括利用 QQ、微信、Email 等最常见的也是最容易被学生接受的技术,用以弥补教学过程中师生互动不足的缺陷。

3.1.3　课堂练习

为促进学生对教学内容的理解,同时便于教师掌握教学情况,依据课程教学目标设计了课堂练习环节。教学时在完成相关知识点讲解之后公布练习,学生即时作答并通过手机扫描二维码将答案提交至后台,教师及时公布答题情况并进行评讲。学生答题时间一般为 1～2 分钟。每 2 学时的教学安排 1～2 道课堂练习。

3.1.4　期中、期末考试

期中、期末考试是评价学生学习效果的常用形式。考试命题应根据课程教学目标,重点考察学习效果的达成情况。期中考试一般安排在教学周的第 9 周或第 10 周进行。期中考试的题型为单一选择题,内容主要是电路的分析、设计与计算。考试时间为 1 小时。对照班的考试形式为学生在实验室机房 1 小时内完成题库随机选择的 15 道题目,由教师和助教监考;实验班的期中考试由学生远程 1 小时内完成 20 道题目。为保证线上试卷质量和考试的公平性、可靠性,课程组安排 3 名经验丰富的教师完成命题,确保试题的难度与线下考试相当,试卷命题完成后交课程组审核。共设计难度相当的 10 套试卷。考试时,以电子试卷形式通过问卷星平台向远程的学生随机分发,答题时间为 1 小时。考虑到线上考试题量多于线下考试题量,线上考试成绩应采取合适方法进行折算和处理,以保证考试成绩与线下考试成绩具有可比性。

在总结期中考试经验的基础上,线上期末考试试卷的难度、题量与线下考试相当,也由期中考试命题教师负责完成。考试实施时严格按照学校的线上考试要求,确保考试公平、可靠。

3.2　线上教学实施

3.2.1　线上教学工具

（1）ZOOM 系统。ZOOM 系统主要用于线上课堂教学及课后答疑。ZOOM 是一款云视频会议软件,具备高清视频会议与移动网络会议功能,用户可通过手机、平板电脑、PC 进行多人视频及语音通话、屏幕分享、聊天以及音视频录制等,适合开展网上远程授课及答疑。ZOOM 适用于 Windows、Mac、Linux、iOS、Android 系统。

（2）慕课网站(好大学在线平台)。慕课网站是课程教学的重要资源与管理系统,主要栏目包括课程信息、课程视频、课程作业(主、客观练习)、考试与成绩管理、学习分析等。学生通过慕课网站完成课前预习、课后复习、作业完成等学习活动。本研究中的期末考试在慕课网站上完成。

（3）Canvas@SJTU 平台。该平台集分发课件、布置/收取作业、组织在线考试、发送课程通知、反馈过程成绩、分析学习情况等功能于一体,可提供多语言界面服务。它与课程慕课网站共同构成课程网上课程管理与资源发布系统。本课程主要在 Canvas@SJTU 平台发布课件、直播授课视频、课程通知等。

  （4）问卷星系统。问卷星是一个专业的在线问卷调查、测评、投票平台，它提供部分免费功能。本研究中的期中考试、课堂练习、课程问卷调查借助问卷星系统完成。

  （5）其他辅助工具。其他辅助工具主要包括 QQ、微信、Email 等。通过建立班级 QQ 群、微信群，实现师生、生生之间的即时互动。

3.2.2   线上教学过程

1）线上课堂教学

  实验班的线上教学过程主要参照线下教学。为适应线上远程教学形式，在教学中特别注意增加互动内容，主要包括：每次上课前都对前次授课进行简要回顾；每进行 20 分钟左右的教学后进行阶段内容小结；利用 ZOOM 教学系统的聊天功能区即时观察学生的反馈、问题以及学生对教师提问的回答。课堂教学过程视频录制后在 Canvas 平台和班级群中公布。

  在整个学期的课堂教学中，设计了 40 余道课堂练习，授课时适时予以发布供学生作答，学生通过扫描二维码将答案上传至问卷星平台，教师可即时查看答题信息，供练习评讲及后续教学准备参考。课堂练习样例如图 1 所示。

练习：下述不正确的是

A. 一个阻抗，可以等效为电阻和电抗的串联，也可等效为电导和电纳的并联。
B. 一个二端电路的电压、电流分别为 $u=-10\cos t$, $i=-2\sin t$, 参考方向关联，该电路可等效为一个电感元件。
C. 已知 $Z=(-2-j2)\Omega$, 则 $\varphi_Z=45°$。
D. 电阻电路的分析方法可类推应用于正弦稳态电路的分析。

图 1   课堂练习样例

2）线上课外教学活动

  （1）定期答疑。每周安排 2 小时的 ZOOM（容量 1000 人）线上答疑，由课程组教师轮流对一周的学生提问进行解答，同时对重点、难点教学内容进行归纳、小结。每次答疑教师都需认真准备答疑课件，整个答疑视频录制后在 Canvas 平台和班级群中公布。

  （2）平时辅导。以自然班为单位由对应的任课教师通过班级群回答同学提出的问题，并对班级群进行管理、引导。

3.3   数据分析处理

  采用 Matlab（R2016a）对数据进行分析处理。

4   研究结果与讨论

4.1   课堂练习成绩分析

  选取实验班和对照班都使用的 39 道课堂练习结果进行配对分析。学生答题正确率、答题参与率平均值及标准差如表2所示。由表2可见,实验班学生的答题正确率平均值略低于对照班,但答题参与率略高于对照班。每道练习题的答对率和答题参与率柱状图分别如图2、图3所示。实验班和对照班练习题答对率的相关系数为 $r=0.833$,呈强相关关系;实验班和对照班答题参与率的相关系数为 $r=0.700$,呈相关关系。由图3还可以看到,随着教学进程,学生答题参与率呈现一定的波动性,且呈逐步下降的趋势。研究者发现,如果练习的难度增加,则答题参与率下降,反之,如果练习较简单,则答题参与率会上升。逐步下降的答题参与率表明学生在学期开始时具有较强的答题参与积极性,而到学期的后期,学生答题参与热情有所下降。

表2　实验班与对照班课堂练习答题正确率、答题参与率平均值及标准差　　　　　单位:%

实验班课堂练习				对照班课堂练习			
答题正确率		答题参与率		答题正确率		答题参与率	
平均值	标准差	平均值	标准差	平均值	标准差	平均值	标准差
65.96	16.95	70.53	17.24	69.24	19.76	68.07	20.31

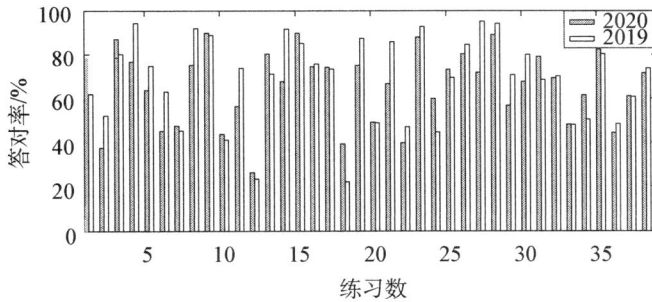

图2　课堂练习答对率柱状图

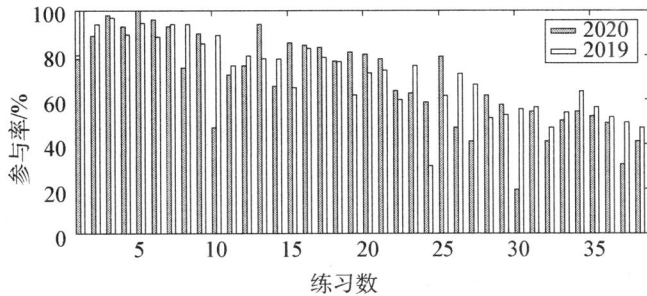

图3　课堂练习答题参与率柱状图

实验班与对照班课堂练习答对率配对 t 检验结果如表3所示。可见,尽管实验班课堂练习答对率平均值低于对照班,但两者并不存在显著差异,说明实验班与对照班课堂练习答对率平均值基本相当。

表3 实验班与对照班课堂练习答对率配对 t 检验结果(显著性水平 α=0.01)

统计量 t	自由度 df	p 值	$\overline{x}_{实验}-\overline{x}_{对照}$	$\overline{x}_{实验}-\overline{x}_{对照}$的标准差	$\overline{x}_{实验}-\overline{x}_{对照}$的95%置信区间	
					下限	上限
−1.874	38	0.069	−3.28%	10.93%	−8.03%	1.47%

4.2 期中考试成绩分析

期中考试的基本情况如表4所示,其中不合格答卷是指答卷所填写身份信息或者答题信息不清。实验班和对照班期中试卷每道题目的难度相当。

表4 期中考试的基本情况

	参加人数	不合格答卷数	有效答卷数	题量	考试时间
实验班	419	4	415	20	2020.5.10
对照班	97	0	97	15	2019.4.28

为了防止线上远程考试的意外情况,增加考试结果的可信度,一方面通过网络技术加强监考环节,另一方面增加试卷的题量。因此,实验班期中考试的试题量要多于对照班。为便于比较,需对考试成绩进行一定的折算。考虑到实验班和对照班的题量比为4/3,如果简单地将实验班的成绩乘以4/3或者将对照班的成绩除以3/4都是不合理的。一种分数折算办法是:将实验班每名学生的答题分进行排序,去掉答题成绩最低的 n 道(n=1、2、3、4、5),将余下的 $20-n$ 道答题按每道 $100/(20-n)$ 分进行计分。当 n=5 时,尽管将实验班的成绩折算为15道题目计分,但这15道题目是从20道题目中选出的最高得分题目,说明对对照班而言,n=5 的折算方法使得实验班成绩偏高,因此,取 n=5 不合适。同样,取 n=1 使得对对照班而言,实验班成绩偏低。为此,取 n=2、3、4,给出三种折算方案进行实验班分数处理。

实验班、对照班的期中考试成绩平均值及标准差如表5所示。可以看出,取 n=2,实验班中考试成绩平均值要低于对照班;取 n=4,实验班中考试成绩平均值要高于对照班;取 n=3,实验班与对照班期中考试成绩平均值相当。

表5 实验班和对照班期中考试成绩平均值及标准差

	实验班(n=2)	实验班(n=3)	实验班(n=4)	对照班
平均值 $\overline{x}$	70.15	73.51	76.83	73.36
标准差 s	21.60	21.87	21.77	12.85

实验班和对照班期中考试成绩 t 检验结果如表 6 所示。可见,无论采用哪种分数折算方法,实验班和对照班期中考试成绩都没有显著性差异,表明实验班与对照班期中考试成绩平均值相当。

表 6　实验班和对照班期中考试成绩 t 检验结果(显著性水平 $\alpha=0.01$)

	统计量 t	自由度 df	p 值	$\overline{x}_{实验}-\overline{x}_{对照}$	$\overline{x}_{实验}-\overline{x}_{对照}$ 的 99% 置信区间	
					下限	上限
$n=2$	−1.900	243.44	0.059	−3.21	−7.60	1.18
$n=3$	0.087	247.16	0.931	0.15	−4.26	4.55
$n=4$	2.041	245.81	0.042	3.47	−0.94	7.86

4.3　期末考试成绩分析

期末考试基本情况如表 7 所示。实验班和对照班期末试卷难度相当。线上考试按照学校的考试规定利用慕课网站(好大学在线)和 ZOOM 系统实施,考生登录慕课网站上在规定的时间内完成答题,主考人员通过 ZOOM 系统的视频功能远程监测考生的答题过程,以保证考试过程的透明性和可靠性。根据后台记录,发现有 2 份试卷的答题时间仅为数分钟,答题成绩为零,这可能是考生主动退出考试或者由于硬件故障导致被动退出考试所致,为无效试卷。按照学校规定,允许学生根据自身的学习情况和线上设备情况,申请返校后参加线下考试,此次共有 57 人申请参加线下考试,占比 13.6%。分析这些学生的期中考试成绩,发现有 11 名学生成绩超过平均分,其余均位于成绩排名的后 30%,57 名学生平均分比班级总平均分低15 分。

表 7　期中考试的基本情况

	应考人数	申请线下考试人数	实考人数	有效答卷数	答题时间	考试时间
实验班	419	57	362	360	2 小时	2020.6.22
对照班	97	/	96	96	2 小时	2019.6.17

参照实验班申请线下考试学生的期中考试排名,在对照班 96 份成绩中去除 13 份成绩($\approx 97×57/419$),以使对照班期末成绩与实验班具有可比性。比较实验班和对照班(修正后)的期末考试成绩,其考试成绩平均值及 t 检验结果见表 8。虽然实验班的期末考试成绩平均值比对照班高 3.83 分,但统计学检验差异不显著,说明实验班与对照班的期末考试成绩平均值相当。

表8　实验班和对照班(修正后)期末考试成绩 t 检验结果(显著性水平 $\alpha=0.01$)

$\overline{x}_{实验}/\overline{x}_{对照}$	统计量 t	自由度 df	p 值	$\overline{x}_{实验}-\overline{x}_{对照}$	$\overline{x}_{实验}-\overline{x}_{对照}$ 的95%置信区间	
					下限	上限
64.50/60.67	2.256	136.79	0.026	3.83	−0.60	8.26

4.4　学生线上出勤率分析

线上实验班的上课出勤率统计如图4所示,平均出勤率为93.34%,明显高于线下上课出勤率(一般在85%左右)。可以看出,仅在开学两周内出勤率略有波动外,上课出勤率一直比较稳定,这表明学生的上课积极性比较稳定。

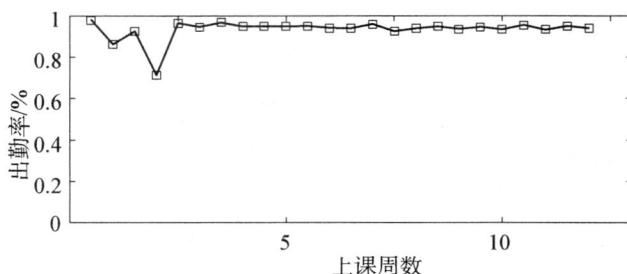

图4　实验班上课出勤率统计

4.5　学生态度问卷调查分析

针对学生对课程教学的态度,在教学周第9周对实验班进行了问卷调查和访谈调查。调查问卷共设计了10个题项,如表9所示。采用5点评定量表,对调查内容完全不同意——1;不同意——2;不确定——3;同意——4;完全同意——5。共回收326份有效的电子问卷,有效问卷回收率76.9%。调查结果如表9所示。由表9可得出如下结论:

首先,学生对课程的认可度得分最高,总体为优或者良的调查结果平均值达到4.3。学生也认可自己认真对待本课程,调查得分平均值为4.2。

其次,学生对课程答疑和班级群认可度比较高,得分平均值分别为4.3和3.9。这可能与学生的学习比较依赖于线上学习的教学形式相关。学生对课程资源也比较认可,得分平均值为4.0,说明课程资源的供给比较充分。

最后,题项A7~A10主要比较在线教学与线下教学的情况,调查结果反映出线上、线下学习方式具有一定区别,线上学习方式并不比线下更空闲,线上学习方式可能比线下压力更大,不能肯定学生更喜欢现在的线上教学形式。

表9　学生评价变量与调查结果

变量	评价内容	调查结果平均值/标准差
A1	我对"基本电路理论"课程教学的总体印象为优或者良	4.3/0.7
A2	我对"基本电路理论"课是认真对待的	4.2/0.8
A3	我对周末答疑的总体印象为优或者良	4.2/0.8
A4	班级群(微信群、QQ群)对我的学习有较大帮助	3.9/1.0
A5	课程提供的学习资源能满足我的学习要求	4.0/0.9
A6	我能方便地向任课教师或者课程组其他教师提出我的疑问	3.2/1.0
A7	我认为这次线上学习方式和以前的线下学习方式没有区别	3.2/1.1
A8	线上学习方式和以前的线下学习方式相比更空闲	3.2/1.2
A9	线上学习方式比以前的线下学习方式压力更大	3.6/1.0
A10	和线下教学相比,我更喜欢现在的线上教学形式	3.3/1.2

　　针对课程教学,对实验班学生进行了访谈调查,从结果看:①学生总体对课程教学持较正面的看法,如:"挺好的,没有什么建议""挺好的,老师很认真有激情""没什么,感觉还行""能够有视频回看对我的学习提供了极大的帮助,我在课程学习过程中可以投入更多的精力来听讲,课下整理笔记,对知识的掌握很有帮助"。②学生总体认可线上大班授课下班辅导教学形式。如"希望开学后也能大班教学""希望去学校之后也采用zoom直播""希望返校后能够继续提供课堂视频""返校后周末在线答疑真的好啊,这样就算周末回家也可以参加答疑了"。③学生认为课程还可进一步改进以提高学习效果。如"可以多一点练习""上课的题目和慕课题目难度差别有点大""讲课速度有点快""希望作业讲解能详细一些"。这些建议和评价表明学生希望通过教师改进教学来提高学习效果。

4.6　线上课内外互动的质性分析

　　线上远程教学无法做到师生、生生间面对面地交流,所有的教学活动都必须在线上进行远程互动。线上课堂教学中所采取的互动措施包括:在教学开始部分增设课前复习、课前练习等环节,将每节课的教学内容可划分为2～3个相对独立的教学模块,完成一个教学模块后进行教学小结、课堂练习。

　　按照上述安排开展教学,课堂教学的师生互动比较积极。比如,在课前练习环节,学生能够利用ZOOM系统的注释,即对判断题采用"√"、"( )"、聊天(输入"1"表示"是"、输入"0"表示"否"等功能积极参与练习的作答。通过这样的活动,教师能够及时掌握学生的学习效果。

通过 QQ、微信聊天工具可以开展课外互动。实验班 QQ 班级群聊天信息超过 20 000 条，平均每人发布信息 47 条。聊天内容包括课程问题的讨论、作业提问与解答等，大部分的问题由生生交流完成，教师也参与其中疑难问题的讨论与解答。从聊天信息量看，实验班 QQ 班级群互动活跃度要远高于对照班级群。

课程作业由学生通过慕课网站提交，后台管理信息表明，实验班学生能够按时提交作业，提交率达到 99.8%，作业成绩与对照班相当。

周末答疑的学生参与率约为 20%，答疑视频也会公布在班级群，未参与答疑的学生可以回看答疑视频。

5 研究结论与反思

通过对研究数据的分析可得出结论：采用大班授课，小班辅导形式的线上教学和线下教学的学习效果相当。线下传统教学是长期以来一直采用的教学形式，其实施方法也是比较成熟的。而线上教学形式则是基于互联网技术而发展起来的，它面临着诸多如教学形式、网络信息技术、线上教学软硬件配置等问题需要解决。要确保线上教学的学习效果，使之与线下教学的学习效果相当甚至更好，研究者认为应注意以下几个方面：

第一，教师是实施有效线上教学的关键。首先，教师不仅要有直面线上教学的勇气，而且必须掌握线上教学各种技术、技巧。比如，教师一旦进入网上教室，教学过程就已经开始了。教师可以通过聊天区问候学生，往往学生也会回应教师的问候，这样可建立起师生间良好的互动关系；教师在网络直播授课时采用出镜模式，会让学生感觉学习效果更好。[8]其次，教师应始终以学生的学习为中心，根据学生线上学习的特点来安排教学内容，组织教学形式。比如，教学中要适当增加课堂互动，提高学生学习的注意力；注意观察学生学习的情况，动态调整讲课的节奏；调整、精炼授课内容，提高教学效率与效果。

第二，根据课程的特点采用合适的线上教学形式。线上教学是相对较新的一种教学形态，它既可参照线下按班教学的形式，亦可结合线上教学的特点采用变通的形式。本研究采用大班授课小班辅导这种教学形式，它比较适合课程平行班级多的课程，比如量大面广的公共基础类或公共平台类课程。通过合理并班（根据实际的线上硬软件条件，并班人数可达数百人，甚至千人规模），可以充分利用教学资源扩大优秀教师、卓越教师的受益面。线下教学形式使班级容量大受限制，很多学生没有机会体验卓越教师的风采。为了保证大班授课小班辅导的教学效果，首先，在实施之前应根据学校教务处的排课安排对班情进行调查，确定并班规模，同时保证线上大班排课的授课时间应与线下自然班安排一致。其次，应综合考虑主讲教师人选。具体因素包括教学能力、线上教学的适应性（比如应用网络技术开展教学的能力）等。再次，应注意主讲教师与非主讲教师的教学工作安排及密切配合以达到更好的教学效果。大班授课后，客观上主讲教师要投入更多的工作精力，而非主讲教师的教学工作相对要减少很多。但是,教学除了面向学生的授课、辅导这一主要任务之外,还有很多围绕这一主要任务的各项工作,比如教学资料设计与准备(如课程调查设计、教案完善等)、教学数据收集(如学生访谈)、试卷命题(如期中、期末考试命题)等,这些工作可主要由非主讲教师来完成。合理安排教学任务,既能让主讲教师集中精力讲好课,又能提高没有参加主讲的教师的教学参与度,体现每一位教师的工作价值。最后,应从提高教学效果的角度灵活组织线上教学。比如,在大班授课时可以采取团队教学形式来提高学生的学习效果。[9]课堂教学时由2～3名教师共同回答学生的聊天区提问、共同参与练习评讲等教学活动,这样有利于营造良好的课堂氛围;在小班辅导环节也可安排多位教师共同参与,通过大班 QQ/微信群,小班教师共同参与对学生的答疑、沟通,提高回应学生疑问的及时性、增加师生互动的活跃性和频次,从而提高学生的学习兴趣与课程体验。

第三,良好的教学支撑体系是开展有效线上教学的保障。与线下传统教学相比,线上教学呈现许多新的形式和特点,其中网络信息技术是实施线上教学的关键。例如,师生终端的软硬件配置、网络网速等都需达到一定要求,否则,教学时会出现中断、卡顿等现象,严重影响学习效果;各种教学信息和资源都以电子化形式予以呈现、变换、存储、传送,这需要教师能够熟练使用各种软件来完成这些任务。笔者所在单位对此进行了周密的安排和精心准备。比如,为师生配置必要的软硬件,扩展网络带宽,确保软硬件满足线上教学的要求;组织大规模的各类在线教育教学技术的培训,让师生尽快适应线上教学模式;配备经过培训的研究生助教,协助任课教师完成教学辅助工作;提供网络技术支撑,随时解决教师教学过程中的疑难问题。

第四,充分利用各种信息技术来辅助教学,保证学习渠道的多样性。受限于每位学生的具体情况的不同,不能规定只能采用某一种特定的学习工具。[10]在本研究的在线教学中,学生可以采用 ZOOM 系统、Canvas 平台、慕课网站、QQ、微信、Email、手机、各种截屏截图软件、各种录屏软件等各种工具进行学习,与教师和其他同学互动。这些工具的功能尽管互有重叠,但学生有选择的自由,这就可以方便学习,也就提高了学习的效率和效果。

第五,采用合适的课程教学评价方式,确保对线上学习效果的准确评价和持续改进。教学评价是整个教学不可分割的组成部分,其应根据课程的特点选择合适的评价方法,以利对教学过程的准确把握和持续改进。本研究尽可能收集了在教学过程中的各种数据,但远非达到完整和完善的程度,只是从一些侧面反映了课程学习效果的情况。在以后的研究中还需进一步完善课程学习效果的评价方法,以提高评价的科学性和可靠性。

参考文献

[1] 丁雅诵. 在线教学　保质保量[N]. 人民日报,2020-5-15(12).
[2] 赵炬明,高筱卉. 关注学习效果:建设全校统一的教学质量保障体系[J]. 高等工程教育研究,2019(3):5-20.

［3］赵炬明.关注学习效果：美国大学课程教学评价方法述评［J］.高等工程教育研究，2019（6）：9－23.

［4］PERERA-DILTZ D, MOE J. Formative and summative assessment in online education［J］. Journal of Research in Innovative Teaching，2014，7（1）：130－142.

［5］WESTHUIZEN D. Guidelines for Online Assessment for Educators［M］. Burnaby：COMMONWEALTH OF LEARNING，2016：80－14.

［6］CONRAD D, OPENO J. Assessment Strategies for Online Learning［M］. Edmonton：AU Press, Athabasca University：73－89.

［7］DE JONG P, PICKERING J, HENDRIKS R, et al. Twelve tips for integrating massive open online course content into classroom teaching［J］. Medical Teacher，2019，41（3）：393－397.

［8］程雪姣，皮忠玲，洪建中，等.网络直播模式对教学效果的影响［J］.现代教育技术，2020，30（2）：85－90.

［9］BUZZETTO-MORE N.（Ed.）. Principles of Effective Online Teaching［M］. Santa Rosa：Informing Science Press，2006：182－184.

［10］薛成龙，李文.国外三所大学线上教学的经验与启示［J］.中国高教研究，2020（4）：12－17.

Study on Learning Outcomes of Online Course Adopting Large Class Teaching with Small Class Tutoring

Tian Sheping，Qiao Shutong，Wang Lijuan，Zhang Feng

Abstract：Based on the online practice of large class teaching with small class tutoring in engineering platform course "basic circuit theory", the online learning outcomes are studied. An online teaching class is selected as the experimental class, and a previous offline teaching class is taken as the control class. The mid-term and final examination scores and classroom exercise results were taken as the principal comparative data, supplemented by behavioral observation data and qualitative data analysis to compare the learning outcomes of the experimental class and the control class. Research results show that online teaching and offline teaching have the same learning effect. In order to ensure the learning outcomes of online teaching, we should pay attention to the following points：（1）Teachers are the key to the implementation of effective online teaching；（2）The appropriate online teaching form should be adopted according to the characteristics of the course；（3）A good teaching support system is the guarantee for effective online teaching；（4）Information technologies should be made full use to ensure the diversity of learning channels；（5）Appropriate teaching assessment methods should be adopted to ensure the accuracy of assessment and continuous improvement of online learning.

Key words：online teaching；large class teaching with small class tutoring；learning outcome

工程人才国际化竞争力培养效果分析与评价

——以上海交通大学国际联合本科毕业设计项目为例

陈　璐　吴艳琼　朱真璞

摘　要：全球化背景下，如何提高学生的国际化竞争力是工程人才培养过程中的重要挑战。本文借鉴国际上成熟的理论框架，建立工程人才国际化竞争力培养的具体框架和测量指标，采用量化调查问卷和质性采访的方式分析项目对工科学生在知识、能力和意识三个维度的培养效果。以上海交通大学国际联合本科毕业设计项目为例进行了验证分析。分析结果表明，该项目对培养工科学生的跨学科知识、综合实践能力，以及跨文化沟通与交流意识效果明显。本研究旨在工程人才国际化竞争力培养上形成闭环，对后续教学改革提供决策支持，同时也为培养具有国际化竞争力的创新型工程人才提供有益参考。

关键词：工程教育；国际化竞争力；创新型工程人才

1　引言

　　制造业是国民经济的支柱和基础产业，也是全球经济持续增长的重要支撑力量。要推动制造业转型升级和高质量发展，要求未来的工程人才具有多学科知识、跨界整合能力和解决现实工程技术和管理问题的能力。此外，《国家中长期教育改革和发展规划纲要（2010—2020 年）》[1]对我国高等教育提出了人才培养国际化的要求，即要培养"适应经济社会对外开放的要求，培养大批具有国际视野、通晓国际规则、能够参与国际事务和国际竞争的国际化人才。"由此可见，具备国际化竞争力的创新型工程人才将是引领未来制造业转型的重要人才保障。

　　作为首批入选教育部 17 所试点学院计划的学院，上海交通大学机械与动力工程学院通过国际化产学合作，在机械工程创新型人才培养方面作出了一些成功的探索性实

作者简介：陈璐，女，副教授，博士，主要研究方向为工业工程与管理，邮箱：chenlu@sjtu.edu.cn。吴艳琼，女，硕士，教务管理，邮箱：wyq@sjtu.edu.cn。朱真璞，本科生，邮箱：zhuzhenpu@sjtu.edu.cn。

基金项目：上海交通大学教学发展中心国际化专项基金项目，国际联合毕业设计培养效果分析与评价。

践。其中"国际联合本科生毕业设计（Global Capstone Project）"项目[2]自 2010 年起开始实施，该项目与海外一流高校工程学院联合开展，通过引入企业实际工程问题，采取启发式、参与式的教学模式，培养学生解决复杂工程问题的综合能力，拓展学生国际视野，激发学生创新思维能力。经过数年的教学实践后，对学生国际化竞争力培养效果进行评估，是对该项目后续教学方法及教学形式进行改进的基础，也为工程教育改革提供决策支持。

2　文献综述

有关高等教育对工程人才在专业知识、实践能力等方面培养的研究文献较多，本节主要对高等教育国际化和国际化竞争力两个方面进行文献综述。

2.1　高等教育国际化

Knight[3]将高等教育国际化定义为，将国际、跨文化或全球化维度融入高等教育目标、功能和人才供给中，为经济全球化输送高素质的人力资源。随着新自由经济主义市场需求的影响，高等教育院校从之前培养"知识精英"转变成培养适应社会发展的人才[4]。通过对美国五所研究型高校的考察，季波等[5]归纳了美国高校国际化人才培养模式的五个特征，即鲜明的国际化办学理念、以学生为中心的国际化战略、国际化的师资队伍、国际化的课程设置，以及常态化的跨国界合作。Kahn[6]提出了高等教育国际化的基本原则，包括视角转换、及时反思和开放包容等。Amit[7]则认为高等教育国际化意味着知识的普遍性，通过在高等院校设立国际领先的研究中心和学术机构，形成国际化的研究网络。

结合国内高等教育的发展，任友群[8]认为高等教育国际化是一个不断发展的概念，是跨国和跨文化的观点和氛围与大学的教学、科研和社会服务等主要功能相结合的过程。伍宸等[9]认为高等教育国际化的发展包含两个核心维度：将跨文化和全球的相关要素和资源整合到办学全过程，以及通过国际化办学实质性、持续性提高高等教育质量。

全球化带来的国际分工与合作需要具有国际化竞争力的工程人才，而这类人才需求对高等教育提出了新的要求，要求高等教育要不断国际化，培养根据国际化竞争力的人才。

2.2　国际化竞争力

对于国际化竞争力，不同学者有不同的解释。Hunter 等[11]将国际化竞争力划分为知识、技能、态度 3 个维度，并对这 3 个维度做了层次划分，使得评估框架更加结构化。Reimers[12]将国际化竞争力定义为对文化差异的积极态度、外语交流能力，以及对世界历史地理等知识的了解 3 个维度。Curran[13]认为,国际化能力包括对别国文化的欣赏、对冲突的管理能力、应对变化的能力,以及有效交流的能力。Wilson 和 Dalton[14]认为国际化能力包括开放的态度、对多元文化的包容和对世界变化的意识。

在国内学术界,钟秉林[15]认为创新型人才必须具有国际视野和国际竞争力,熟悉国际规范和国际惯例,能够通过换位思考促进国际理解,并且能够以全球的意识和语义来分析和解决问题。在现有的工科学生国际化能力评价体系中,刘扬[16]等将国际能力分成了 3 个维度,包括知识和理解、技能、态度和价值观,是目前较为客观全面的一种评价方式,为评价国际化教育的培养效果提供一种思路。梁志扬等[17]从知识素养、交流技能和意识态度 3 个维度评价学生的国际化素质,并建立了一个以定量评价为主、定性评价为辅的量化指标体系。林崇德[18]分析比较了多国对学生核心素养的定义,研究发现各国的学生核心素养越来越国际化,如有效的沟通交流能力,团队合作精神,外语能力,创新能力、适应能力等。

各国政府对国际化竞争力也有不同的标准。加拿大渥太华教育部[19]2017 年制订了大学生国际化竞争力框架,包括:批判性思维、解决实际问题的能力、创新能力、企业家精神、自主学习能力、团队合作精神、交流能力、公民意识。"亚洲社会"[20]任务国际化竞争力包括:有能力去调查世界、有能力去包容各种观点、有能力跨文化有效交流、有能力有效执行。美国教育部[21]认为国际化竞争力包括:跨文化合作与交流、外语能力、公民意识和全球参与。

综上所述,如何在中国的工程教育实践中融入国际化竞争力培养? 如何对工程人才国际化竞争力培养效果进行全面评价? 针对这些问题的研究,现有文献中鲜有提及。本文研究针对这些问题提出了系统性的解决方案,是对现有文献的有益补充。

3　国际化竞争力培养评价体系

针对国际联合本科生毕业设计这一国际合作教学模式,同时遵循通用性和可量化的原则,提出针对工程人才国际化竞争力的评价体系,不仅明晰了工程人才国际化竞争力培养的具体框架和测量指标,还对学生的知识运用、能力培养、意识养成等方面提出了进一步的要求。

3.1　国际联合本科生毕业设计简介

传统的毕业设计项目由指导老师命题,并由学生独自完成毕业设计内容,忽略了学生自主学习能力、创新能力,以及综合素质的培养。此外,传统的毕业设计在相对封闭的教学环境中完成,导致学生缺乏工程理念和国际视野。难以学会从多角度、多视野、多交叉地看待问题、解决问题,并提高批判性思维能力和终身学习能力。国际联合本科生毕业设计(Global Capstone Project)改变传统毕业设计课程的教学和组织模式,通过校企合作、国际联合，以及项目式教学等方式培养学生的创新能力和综合素质。项目组织形式如图1所示。项目持续时间为一学期，其间学生不出国门，即可与国外学生开展交流与合作，共同完成工程项目。

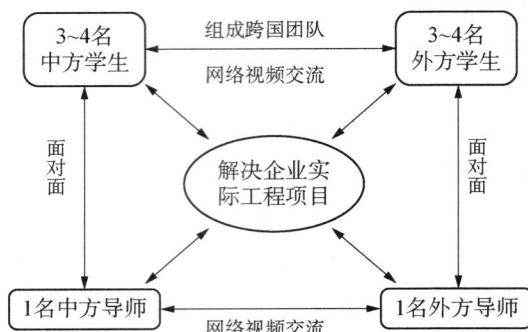

图1　国际联合本科生毕业设计团队运作模式

具体来说，国际联合本科生毕业设计的教学内容与组织形式如下：

（1）教学内容除了"工程设计"专业知识的授课，还邀请企业专家、海外教授、专利律师等业界人士进行工程伦理、法律专利、项目管理等人文教育，培养学生工程理念和国际视野。

（2）面向海内外企业征集毕业设计项目，并通过课程团队的严格筛选，项目内容涉及机械、电子、热动、软件等多学科与多方向，如新产品/机构设计、新材料/新工艺开发、检测方法优化、软件平台开发等，真正实现通过多学科交叉。

（3）与海外一流高校合作，在双方学校毕业年级本科生中组建项目团队，针对跨国企业提出的具有工程实践背景的项目开展毕业设计。每个项目团队均由3～4名交大学生以及3～4名国外学生组成，模拟跨国企业研发团队的工作模式，通过网络、视频等方式，克服双方时差障碍进行交流和讨论，在双方指导教师及企业工程师的共同指导下完成毕业设计工作，为企业提供工程项目解决方案。

（4）组织"毕业设计项目成果展"，邀请企业专家参观指导，并为所有参展项目进行评价选优，为校企双方搭建了沟通、交流和相互学习的桥梁，同时也是检验课程内涵建设的有效渠道。这一培养模式把传统的灌输式学习转变为探索式学习，构建了开放的学习环节，为学生提供获取知识的多种渠道。

3.2　国际化竞争力评价指标体系

学生的国际化竞争力评价指标体系的总体框架如表1所示，分为知识、能力、意识三个一级指标，在选取二级指标时针对国际联合本科生毕业设计项目的特点，并遵循代表性、可获取、对比度、适用性原则[17]。该体系的建立为设计调查问卷提供了基础。

表 1　国际化竞争力评价指标体系

一级指标	二级指标	指标点说明	指标点的评价方式和途径
知识	专业知识体系	跨专业的知识体系构建	完成毕业设计需要跨专业(工程、管理、经济、软件等)的知识 可以从项目指导老师和企业导师处获得相关专业知识的指导 能够综合利用各类知识为企业提供工程解决方案
	行业知识	对行业前沿知识的了解	通过和企业合作开展项目了解相关行业知识 通过项目学习,了解环境、法律、知识产权等领域知识
	全球化知识	了解其他国家的人文、历史等	了解合作学校国家的人文历史知识 通过与国外团队成员的项目合作了解
能力	表达及沟通能力	能与具有不同专业及文化背景的人进行交流	日常沟通、项目汇报是否使用英文进行 通过项目合作锻炼与不同专业背景,或文化背景的团队成员合作能力
	团队合作能力	具有团队协作能力、具有小组领导能力	项目进行过程中需要团队合作与分工 项目团队分工合理
	组织协调能力	对具有不确定性的项目进度、项目预期完成效果等具有管理能力	是否存在项目拖期、项目无法推进等现象,以及出现此类现象时如何解决
	工具使用能力	运用计算机、软件、信息交互等工具	通过项目学习,掌握各类工具的使用
	自主学习能力	通过自主学习掌握课堂中没有学习到的技术方法	需要通过自主学习解决项目进行过程中所遇到的问题
	应对挫折的能力	能够有效应对学业或职业生涯中出现的挫折和失败,具有坚韧不拔的意志	项目进行过程中是否出现设计方案失败或其他挫折,以及出现此类现象时如何解决
意识	国际化意识	以开放、包容态度对待其他文化	与国外阵交流时出现分歧时能够有效解决
	跨文化意识	理解具有不同文化背景的人工作方式的差异	尝试不同方式对项目内容进行沟通
	创新意识	在现有基础上进行发明创造	项目是否具有创新设计 专利、学术论文等发表情况

3.3　指标体系说明

3.3.1　知识结构

　　在知识素养方面,引领制造业发展的工程人才除了应具备扎实的数理与学科基础、宽广的跨学科知识之外,还需要具备行业知识和全球化的视野,以应对世界范围内科技和产业革命的迅猛发展。

国际联合毕业设计的所有项目均来自企业工程实践，项目选题大多跨多个学科领域。通过校企双导师制，从封闭课堂转向开放课堂、从单纯的知识传授转向多学科知识应用。此外，通过引入企业资源，培养学生具备全球经济、知识产权、工程伦理等大工程理念和国际视野。

3.3.2　综合能力

创新型工程人才的综合能力包含系统与跨界思维能力、敏锐的探索与发现能力，以及卓越的创新与组织协调能力等。此外，科技发展日新月异，课堂上教授的专业知识往往滞后于现代科技的快速发展，因此还应培养学生的自主学习能力。

国际联合毕业设计要求学生通过团队合作完成具有工程背景的设计任务，从方案论证，到作品的设计与制作、总结与答辩，每个环节都渗透着对学生的能力培养，体现知识结构形成和能力素质培养的相互融合。

3.3.3　思想意识

在思想意识方面，除了培养学生独立思考、分析问题和解决问题的创新意识外，国际化的工程人才还应具备在全球化环境中进行合作的主动性和洞察能力。

国际联合毕业设计需要学生组成跨国团队共同完成项目，这一过程能够加深学生对多元文化的认知和理解，提高国际交流的经验，提升跨文化交流能力。此外，在项目结束时，通过专家评选、学生互评、优秀项目评比等多个环节，培养学生努力拼搏，追求卓越的创新意识。

4　调研结果分析

本研究结合了量化调查问卷和质性访谈的形式进行分析和评价。首先，通过问卷调研（问卷见附件），对某学年春季学期参与国际联合本科生毕业设计项目中方学生进行了问卷调研，调查问卷回收率 90%。问卷发放时，学生已基本结束本届毕业设计项目，因此所反馈的问卷反映了国际毕业设计项目对学生在国际化竞争上的培养效果。其次，随机对参与国际联合毕业设计的本科学生进行了多次访谈，在项目执行的不同阶段，听取学生的反馈。此外，分析结果还结合了参与指导毕业设计项目的跨国企业高管、工程师对学生能力培养的评价。

4.1　调查问卷设计与结果分析

调查问卷包含 4 个"知识"类问题，九个"能力"类问题，以及 4 个"意识"类问题。问题通过里克特量表的形式，1 为非常认同，5 为完全不认同，依次 5 个量表尺度。经过统计软件 SPSS 分析，如表 2 所示，各类别问题的可信度克隆巴赫系数分别为 0.653、0.858 及 0.716，表明调查问卷的可信度较高。

表 2　调查问卷问题的可信度指数

	项数	克隆巴赫系数
知识	4	0.653
能力	9	0.858
意识	4	0.716

　　学生的反馈情况统计如表 3 所示,每份问卷均有效,每个问题无回复率为 0。表 3 中每项回答均值越小,表明学生的正向认同度越大;标准差越小,表明答案集中度越高。其中正向认同度比较高的条目包括:跨专业知识的获取,各项能力的培养,以及解决矛盾的意识;而正向认同度较低的或答案集中度较低的条目包括:国外人文历史知识获取和创新意识的培养。

表 3　调查问卷反馈结果统计

量表尺度	学生的反馈						
	1	2	3	4	5		
问题	非常认同/%	比较认同/%	中立/%	不太认同/%	完全不认同/%	均值	标准差
知识							
(1) 跨专业知识	51.85	29.63	18.52	0	0	1.67	0.78
(2) 企业行业知识	62.96	25.93	7.41	3.7	0	1.52	0.80
(3) 法律知识产权知识	44.44	44.44	3.7	7.41	0	1.74	0.86
(4) 国外人文历史知识	33.33	33.33	22.22	0	11.11	2.22	1.25
能力							
(1) 解决工程问题能力	48.15	51.85	0	0	0	1.52	0.51
(2) 英语语言能力	44.44	44.44	11.11	0	0	1.67	0.68
(3) 多元团队合作能力	81.48	18.52	0	0	0	1.19	0.40
(4) 分工协作能力	70.37	22.22	3.7	3.7	0	1.41	0.75
(5) 项目管理能力	44.44	44.44	11.11	0	0	1.67	0.68
(6) 数据软件能力	62.96	37.04	0	0	0	1.37	0.49
(7) 网上操作能力	59.26	37.04	3.7	0	0	1.44	0.58
(8) 自主学习能力	55.56	40.74	3.7	0	0	1.48	0.58
(9) 克服挫折能力	40.74	51.85	7.41	0	0	1.67	0.62
意识							
(1) 跨文化意识	48.15	44.44	3.7	3.7	0	1.63	0.74
(2) 解决矛盾意识	51.85	48.15	0	0	0	1.48	0.51

（续　表）

量表尺度 问题	学生的反馈					均值	标准差
	1 非常认同/%	2 比较认同/%	3 中立/%	4 不太认同/%	5 完全不认同/%		
（3）创新意识	33.33	48.15	14.81	3.7	0	1.89	0.80
（4）了解外国文化意识	33.33	48.15	7.41	11.11	0	2.67	0.88

上述数据结果表明：

（1）在知识获取方面，毕业设计项目提供了学生将本科阶段所学习的专业知识应用于工程实践的机会，增强了跨学科知识储备。同时，通过将业界资源引入工程教育，使得学生在毕业设计过程中，有渠道了解关于全球经济、知识产权、生态环境、工程伦理等方面的知识。

（2）在能力培养方面，毕业设计项目提供了近似真实的工作场景，学生的综合实践能力、自主学习能力、分工协作能力，以及跨国团队多元文化下的交流能力等各项能力都得到了锻炼；同时，学生在项目管理、软件工具学习等方面也得到了较大提高。

（3）在意识养成方面，毕业设计项目来源于工程实践，具有一些不确定性。学生通过完成毕业设计，学习到如何积极处理团队中的拖延和意见分歧，培养了学生作为世界公民的情商意识。

调研结果也反映课国际联合毕业设计的一些不足：

（1）学生对合作院校所在国家的历史、文化缺乏了解，学生的跨文化交流意识不强，这两者之间存在相关性，对于培养学生的国际视野是不利的。

（2）学生面对困难和挫折时，缺乏坚韧不拔的意志，另外创新意识不强，而这两者之间也存在相关性。因为创新是一个漫长而又艰辛的过程，要求具备坚定的信念和毅力，以及不怕困难和失败的决心和勇气。

（3）调查问卷结果还显示，仅11.11%的学生在本科阶段有申请专利和发表学术论文，因此，需要加强工科学生在科技文章的中英文撰写能力、表达和归纳能力。

此外，自2010年创办国际联合毕业设计以来，参与的企业已有近百家，其中包含多个世界五百强企业，如 GE、ABB 等。本研究还随机采访了一些来自这些企业的指导教师和高管。一家德国企业主要从事弹簧产品设计制造，已连续多年资助国际联合毕业设计项目。该公司工程师反馈，学生的项目管理思维、与企业工程师的沟通交流能力和综合素质逐年提高。另一位机器人制造企业总裁表示，学生的毕业设计成果对企业产品的升级换代和创新提供了很多建设性的意见，为公司注入了创新活力。

国内外教育界同行在参加毕业设计项目成果展后均表示，中外学生具有不同的文化背景,可以互补和启发,同时两地年轻人也有很多共同的兴趣爱好,在文化交流的过程中,培养了学生的国际化意识。

4.2 工程人才国际化竞争力培养建议

针对上节的调研分析中所反映出的学生国际化竞争力培养的不足,提出以下决策建议:

(1) 在工程人才培养中,除了设置人文、历史、艺术等方面的通识选修课程之外,应打破学科壁垒,重视新知识、新技术在现有培养方案中的融合。例如,采取跨学科选课方式、开设新兴技术前沿课程或交叉学科课程、邀请企业专家走进课堂等更加灵活的教学形式,在拓宽学生知识面的同时,培养学生的公民意识,增强民族自豪感,培养有责任感的适应全球经济发展的创新型工程人才。

(2) 继续通过以学生为主体、以实际工程问题为导向的项目式教学,通过跨学科的指导老师和企业导师带领,培养学生的自主学习能力和解决实际工程问题的能力。同时,应采取更加多元化和多维度的评价方式,将以考试为主的课程学习成绩考核转变成以考核综合能力为目标的课程全面考核。通过设计报告、演讲答辩、模型/原型制作、成果评审、队员间互评等环节,多节点、全方位地考察学生对知识的掌握运用,以及能力素质的提高。这样,学生会更加勇于尝试自己的新思想、新发现和新改进,其创新意识和精神在循序渐进的实践环节中得到加强。

(3) 进一步融入线上教学、线上线下融合等创新型教学模式,培养工科学生国际化意识。在国际联合毕业设计项目中,通过与具有不同专业背景、不同文化背景的人才(国内外工程师、海外高校的老师和学生等)开展项目合作,培养国际化背景下交流学习的意识,以及在国际团队中的领导力意识等。

(4) 建设多渠道的育人模式和平台,引入行业先进资源,形成产学研相互促进,以及人才培养的"多赢"局面,在此基础上构建校企产学合作的长效合作机制。例如,邀请企业专家作为毕业设计项目的指导老师,并参加项目展示活动,对所有项目进行评价选优,为校企双方搭建沟通、交流和相互学习的桥梁。

5 总结

本文针对上海交通大学国际联合本科生毕业设计项目,建立包含知识、能力、意识三个维度的工程人才国际化竞争力评价体系。在此基础上通过量化调查问卷和质性访谈的方式,对参与国际联合毕业设计的学生进行问卷调研,对参与的学生和资助企业进行了访谈。分析结果表明,国际联合毕业设计在培养工程人才跨专业知识、自主学习能力,以及应对矛盾和分歧的意识等方面取得了较好的效果,而在应对挫折的能力以及创新意识培养等方面尚存在不足。本文研究结论为该项目的持续改进提供了改革方向,也为培养具有国际化竞争力的创新型工程人才提供了有益的借鉴。未来将考虑对外方学生开展调研,形成中外学生国际化竞争力对比。此外,还将从指导老师、资助企业等多角度进行分析,进一步探讨国际化竞争力和就业方向等的相关性。

附件:国际联合毕设对学生国际化能力培养的调查问卷

1. 国际联合毕业设计项目需要具备跨专业的知识。

5 非常认同,4 比较认同,3 中立,2 不太认同,1 完全不认同

2. 项目指导老师和企业导师能够为我提供相关专业知识的指导。

5 非常认同,4 比较认同,3 中立,2 不太认同,1 完全不认同

3. 通过该课程的学习,我掌握了综合利用各类知识解决实际工程问题的能力。

5 非常认同,4 比较认同,3 中立,2 不太认同,1 完全不认同

4. 通过和企业合作开展项目了解了相关行业知识。

5 非常认同,4 比较认同,3 中立,2 不太认同,1 完全不认同

5. 通过和企业合作开展项目了解环境、法律、知识产权等领域知识。

5 非常认同,4 比较认同,3 中立,2 不太认同,1 完全不认同

6. 对合作高校所在国家的人文历史等知识有所了解。

5 非常认同,4 比较认同,3 中立,2 不太认同,1 完全不认同

7. 在项目合作之余与国外团队成员交流当地人文、历史、音乐等话题。

5 经常交流,3 偶尔交流,2 刚刚成立小组时交流,1 从不交流

8. 日常沟通、项目汇报是否使用英文进行?

5 一直,4 经常,3 偶尔,2 几乎没有,1 从不

9. 通过项目合作具备与不同专业背景,或文化背景的团队成员合作交流能力。

5 非常认同,4 比较认同,3 中立,2 不太认同,1 完全不认同

10. 项目工作需要团队成员分工合作完成。

5 非常认同,4 比较认同,3 中立,2 不太认同,1 完全不认同

11. 项目团队成员有各自分工,且各自的工作量合理。

5 非常认同,4 比较认同,3 中立,2 不太认同,1 完全不认同

12. 项目进行过程中存在项目拖期、项目无法推进等现象。

5 一直,4 经常,3 偶尔,2 几乎没有,1 从不

13. 出现项目拖期或无法推进等困难时能够及时解决。

5 非常认同,4 比较认同,3 中立,2 不太认同,1 完全不认同

14. 项目进行过程中能够熟练使用数据分析、图形构建等软件和工具。

5 完全可以,4 基本可以,3 有困难,1 不可以

15. 项目进行过程中能够熟练使用网络通信工具与国外团队成员进行沟通。

5 完全可以,4 基本可以,3 有困难,1 不可以

16. 与国外团队成员进行项目沟通时所采用的网络通信工具是：

17. 项目进行过程中需要通过自主学习技能或知识,以解决项目中所遇到的问题。

5 一直,4 经常,3 偶尔,2 几乎没有,1 从不

18. 项目进行过程中出现过设计方案失败或其他挫折。

5 一直,4 经常,3 偶尔,2 几乎没有,1 从不

19. 当项目进行过程中出现失败或挫折时能够及时解决。

5 非常认同,4 比较认同,3 中立,2 不太认同,1 完全不认同

20. 与国外团队成员交流项目内容时会出现不同意见。

5 一直,4 经常,3 偶尔,2 几乎没有,1 从不

21. 与国外团队成员出现意见不一致时能有效解决。

5 总是可以,4 基本可以,3 难以取得一致意见,2 无法取得一致意见,1 从未尝试达成意见一致

22. 你是否认为你所做的项目具有创新型的内容?

5 非常认同,4 比较认同,3 中立,2 不太认同,1 完全不认同

23. 在校期间专利、学术论文等发表情况。

参考文献

[1]《国家中长期教育改革和发展规划纲要(2010—2020 年)》,来源:http://www. gov. cn/jrzg/2010-07/29/content_1667143. htm.

[2] 黄倩,奚立峰,刘应征. 机械工程教育国际合作模式的探索和实践[J]. 高等工程教育研究,2014(5):172 - 175.

[3] KNIGHT J. Higher education crossing borders: programs and providers on the move [M]. In: Johnstone, D. B. and D'Ambrosio, M. B, and Yakoboski, P. J. (eds) Higher Education in a Global Society. Cheltenham: Edward Elgar Publishing. 2010.

[4] BODEN R, NEDEVA, M. Employing discourse: Universities and graduate 'employability'. *Journal of Education Policy*, 2010,25(1):37 - 54.

[5] 季波,刘毓闻,陈龙,郭晶. 美国高校国际化人才培养模式的特征与启示——以美国五所知名研究型高校为例[J]. 华南师范大学学报(社会科学版),2019,06,73 - 80.

[6] KAHN H E, AGNEW M. Global learning through difference: considerations for teaching, learning, and the internationalization of higher education [J]. *Journal of Studies in International Education*, 2015,25(1):52 - 64.

[7] AMIT V. Student mobility and internationalization: rationales, rhetoric and 'institutional isomorphism'[J]. *Anthropology in Action*, 2010,17(1):1 - 10.

[8] 任友群."双一流"战略下高等教育国际化的未来发展[J]. 中国高等教育,2016,(5):15 - 17.

[9] 伍宸,宋永华. 高等教育国际化内涵式发展的依据、维度及实现路径[J]. 中国高教研究,2018(8):17 - 22.

[10] HUNTER B, WHITE G P, and GODBEY, G C. What does it mean to be globally competent? [J] *Journal of Studies in Higher Education*, 2004,10(3):267 - 285.

[11] REIMERS F M. Global competency: educating the world. *Harvard International Review*, 2009,30 (4):24 - 27.

[12] CURRAN K. Global competencies that facilitate working effectively across cultures. Quoted in What does it mean to be globally competent? HUNTER B, GEORGE P, and WHITE G C. *Journal of Studies in International Education*, 2006,10(3):267 - 285.

[13] WILSON M S, DALTON M A. Understanding the demands of leading in a global environment: A first step. *Issues and Observations*, 1997(1/2):12 - 14.

[14] 钟秉林. 国际视野中的创新型人才培养[J]. 中国高等教育,2007(3):37 - 40.

[15] 刘扬,吴瑞林. 高等教育国际化:大学生国际能力评价量表设计和检验[J]. 复旦教育论坛,2015,13 (01):44 - 49.

[16] 梁志扬,李贝. 高校学生国际化素质评价体系构建初探[J]. 大学教育,2015(12):52 - 54.

[17] 林崇德,21 世纪学生发展核心素养研究[M].北京师范大学出版社,2016.

[18] Ontario Ministry of Education: Framework for global competencies,来源:http://www. edugains. ca/ resources21CL/21stCenturyLearning/FrameworkofGlobalCom-petencies_AODA. pdf

[19] Asia Society, Four domains of global competencies,来源:https://www. gettingsmart. com/2017/09/ educating-for-global-competence-6-reasons-7-competenc-ies-8-strategies-9-innovations/

[20] U. S. Department of Education, Global and Cultural Competencies,来源:https://sites. ed. gov/ international/global-and-cultural-competency/

Analysis and Evaluation of Engineering Talents' Global Competence Education: Take the Global Capstone Project at Shanghai Jiao Tong University as an Example

Chen Lu, Wu Yanqiong, Zhu Zhenpu

Abstract: Under the background of globalization, how to improve students' global competence of is a major challenge of engineering talents education. Based on some mature education theories, this study establishes an evaluation framework and metrics for our engineering talents education. The evaluation consists of three aspects: knowledge, skills and awareness. The research is conducted among the participants of global capstone project at Shanghai Jiao Tong University by using quantitative questionnaires and qualitative interviews. The results show that the global capstone project has outstanding effects on the cultivation of engineering students' in terms of multi-disciplinary knowledge, professional skills, cross-cultural communication and international exchange awareness. This study not only provides suggestions to policymakers and educators to form a closed loop in the cultivation of global competence of engineering talents, but also serves as a persuasive reference for China's higher education in training innovative engineering talents with global competence.

Keywords: Engineering education; Global competence; Innovative engineering talents

新常态下的在线教学策略分析

——针对国际学生的在线学习

王力娟

摘 要: 在线学习因其开放性和便捷性赢得了广泛赞誉,特别是在新冠疫情期间很好地应对了学校的停课问题。然而,线上教学信息传递单向,教学平台不完善,师生时空距离导致心理疏离,学生自身的自控能力、学习条件等各不相同,因而对其效果褒贬不一。在疫情基本得到控制的情况下,各地在 2020 年秋季学期已全面恢复线下教学,高等教育进入新常态。此刻,有一个重要群体不得不引起大家的关注和重视,即各高校的国际学生。因国外疫情普遍蔓延,各高校的国际学生不得不采用实时在线的方式上课,这给留学生群体的学习效果带来极大考验。国际学生的学习效果、学习体验和学习态度都受到了严重影响。因此,以疫情期间实时在线条件下学生的学习体验研究结果为依据,对照当前国际学生的在线学习现状,提出增强教师的责任意识、改善线上学习的教学设计、贯彻形成性评价的理念、着力培养留学生的自主学习能力、增强课程的趣味性和实用性进而增强学生的学习动机、中国学生与留学生结对子等策略,为当前国际学生的在线学习和教师的双向教学提供指导,丰富新常态下线上线下并行教学模式的改进方法和策略。

关键词: 线上学习;学习体验;国际学生

1 引言

2020 年新冠疫情之后的中国高等教育进入了新常态,新常态下的高等教育基本采取线上线下并行模式。原因是国外的疫情还比较严重,有 2/3 的国际留学生无法回到线下课堂中来上课。特别是 2020 年是教育部颁布《留学中国计划》的收官之年,来华留学生人数超过了 50 万,具体到每一所高校,很多高校的在读留学生人数都高达几千人(见表 1,该数据不包括非学位生)。如此数量庞大的留学生群体都采用实时在线学习的方式,其学习效果令人担忧,学习体验和学习态度备受考验。因此关注和研究国际学生的在线学习效果,探究提升其学习体验和学习效果的方式方法成为当前高等教育研究的重要主题。

作者简介: 王力娟,女,副研究员,教育学博士,邮箱:wanglj0407@sjtu.edu.cn。

表1　6所高校在读留学生人数一览表

学校	年份	外国留学生人数	留学性质
北京大学	2020	2 635	学位生
清华大学	2020	3 240	学位生
上海交通大学	2020	2 780	学位生
复旦大学	2020	2 946	学位生
北京语言大学	2020	3 281	学位生
上海师范大学	2020	1 115	学位生

当前国际学生的在线学习主要存在以下几方面的问题：

（1）时差原因导致学生无法实时在线学习，后期观看课程录像会严重降低学生的学习质量。当前我国国际学生的在线学习内容并不是专门录制的慕课课程，而是学校将教师线下课堂全程录像后上传至网上，学生可以实时在线观看，也可以课后在网上观看课程录像。由于时差及其他原因，绝大多数学生都无法实时在线听课。这种并非专门录制和剪辑的线上课程存在知识点零散、时间浪费严重、对学生的注意力和兴趣带来严重考验等问题。

（2）时空的疏离和潜在工作量的增加导致教师几乎将线上的国际学生遗忘，很少有教师会关注线上学生的学习效果并据此调整课程教学的设计。这会导致国际学生有严重的被遗弃感和被漠视感。这样的学习体验会进一步影响学生的学习兴趣和学习动机，导致学生学习质量严重下降。

（3）国际学生的在线学习过程几乎完全等同于慕课课程学习，但本质上又和慕课课程存在巨大差异，特别是在学习的兴趣和学期结束之后的考核和要求等方面，这对学生的自制力和自主学习能力提出了更高要求。而来华留学生的生源质量一直不高[1]，整体水平难以适应要求如此之高的在线学习。

2　新常态下国际学生的在线学习与基于慕课的在线学习相比存在差异

在过去的20年中，在线学习因其开放性而广受欢迎，越来越被高等教育所接纳[2]，计算机技术支撑下的在线交流和在线会议的确促进了高等教育改革[3]。但在线学习无法同时有效达成灵活访问、低成本高效益及交互式学习。[4]有研究从各个利益相关者的角度探索在线学习的优势和挑战[5]，甚至探索了新冠疫情期间在线学习的挑战和机遇[6]，但在这个问题上学生的声音很重要，未来的研究应调查学生对在线学习的看法，研究学生面临的挑战，应更多地探索在线学习中学生如何更好地实现学习目标。[7]这是基于慕课等在线教学的研究发现。当下国际学生的在线学习同样需要重视学生的看法，关注学生的学习效果。但限于语言、精力和时空的巨大鸿沟，无论是教育主管部门还是教师都忽略了这一问题。

当下国际学生的在线学习与以往基于慕课的在线学习相比，有相似也有不同之处（见图

1)。相同之处主要有①都是线上上课,都具有灵活访问,学习不受时空限制的特性。②都对上课的人数限制小,对教室的要求小,不存在看不清黑板或听不清教师讲话的情况。③重复性都非常好,对于难懂的部分,可以无限制地重复播放。④即时互动都不强,对学生的关注点单一,无法发挥情感育人的功能。

　　不同之处有①对学生自觉性的要求不同。国际学生的在线学习对其自觉性的要求比以往基于慕课的在线学习更高。原因是,慕课课程一般都经过精心准备才录制,录制好之后又经过反复的精心剪辑后才放在网上供学生学习,其知识点与知识点之间逻辑连贯、内容紧凑,学生在学习的过程中会有更好的体验。而国际学生的在线学习则没有这样好的资源,任何学校恐怕都没有这样的能力将教师的每一节课都精心剪辑之后再上传至网上。网上的资源只是原生态的教师上课的录像,没有做过任何剪辑,甚至教师在上课时可能也没有仔细考虑过这样的教学设计和讲授方式是否有利于线上学生的学习这一问题。②对学生的兴趣要求不同。基于慕课的在线学习要求学生对学习的主题有浓厚的兴趣或者能力提升的强烈动机,在这种情形下,即使课程讲授的有些瑕疵,学生也是自愿的,不会感觉难以忍受。但国际学生的在线学习则对学生的兴趣没有多少要求,完全是强制的,学生只有完成线上课程并通过期末的考核之后才能获得学分。当学生对某门课程不感兴趣时,这种强制性的在线学习会增加学生的容忍负担,会使在线学习的弊端加剧暴露出来。③对学生的自主学习能力要求不同。基于慕课的在线学习,学习者一般都是自主学习能力较强的人才会修完整门课程,自主学习能力差的人会在整个学习过程中自然淘汰,这也是为何以往在线学习的流失率非常高的原因所在。但国际学生的在线学习则要求无论学习者的自主学习能力如何,都必须要完成在线学习,否则无法拿到该门课程的学分,进而无法毕业。这会让很多自主学习能力很低的学生也必须要完成在线学习,这样的学习效果可想而知有多差。④对学生的考核要求不同。基于慕课的在线学习,对学生基本没有严格的考核要求,即使有一些线上的形成性评价,限于人力物力,也不会非常严格,考核的难度系数也比较低。而国际学生的在线学习则要求学生必须要达到教师设定的学习目标,这个学习目标应该与线下学生要达成的学习目标一致,相较于慕课类线上学习就会难得多。

基于慕课的线上学习与国际学生的线上学习

相同点　①灵活访问　②对人数限制小　③重复性好　④即时互动弱　不同点　①对学生自觉性的要求　②对学生自主学习能力的要求　③对学生兴趣的要求　④对学生的考核要求

图1　基于慕课的线上学习与国际学生线上学习的异同

通过以上分析可以发现,慕课在线学习在学习者方面更具优势,国际学生因兴趣、自觉性、自主学习能力等方面都明显逊于慕课在线学习的学习者,在考核方面反而有更高要求,因而国际学生的在线学习将面临更大挑战。

3　实时在线学习的学生体验

3.1　在线学习给学生带来全方位的挑战

在线或远距离教育是指学生与教师之间存在遥远的物理距离,与以往面对面的授课方式完全不同的一种授课方式。[8,9]教师与学生之间的互动以技术为中介,学习环境的设计(如学习发生的空间)会对学习成果产生相当大的影响[10-12]。在线教学已经研究了几十年,有效的在线教学是认真的教学设计和规划的结果[13]。然而,由于新冠疫情的影响,世界各地的许多学生不得不从面对面教学转移到在线学习环境,中国也有约2/3的留学生采用在线学习。人的信息处理能力有限,学习方式的组合有可能导致认知超载,影响其充分学习新信息的能力[14]。此外,如果学生对他们使用的技术缺乏信心或感受不到认知参与和社会联系,结果可能会对学生的学习产生负面影响[15]。

新冠疫情导致线上教学除了对学生的学习产生负面影响之外,也会给学生的心理健康带来严重考验。国外的研究显示,自从新冠疫情蔓延以来,大学生心理健康问题的比率急剧上升,美国2020年6月的一项调查发现,在18～24岁的受访者中有25.5%的人表示曾经"认真地考虑过自杀"[16]。学生在家里学习还会面临大量非结构化的时间(unstructured time),缺乏与同龄人的面对面接触,远程学习通常充斥着家中其他人的干扰、过多的噪音、有限的学习空间以及与技术或电脑的长时间接触和互动,学生为了应对这些问题,必须具备能够同时处理多项任务、自我监控和抑制与任务无关活动的能力[17]。已有研究发现,在技术辅助的学习中,学习者出现从当前活动转向无关任务的想法非常常见而且普遍[18],这说明学生长期通过技术或电子产品来进行学习,给他们的自我控制能力和抗干扰能力带来了巨大挑战。

3.2　学生调查结果进一步证实了在线学习的不良影响

当在线学习在国内成为首选授课方式并进行了近一个学期时,在上海交通大学的学生中选取了18个学院的2702名学生进行了一项调查,通过自编的符合心理测量学标准的《在线学习体验问卷》(《在线学习体验问卷》包含2个维度,即与学习相关的体验维度和与环境相关的体验维度,25个题项,问卷的信度为0.904,具体见表2),调查学生在在线学习情境下的学习体验。同时收集学生的质性反馈594条。结果发现实时线上教学的效果受到众多因素的影响,因在线教学自身的优势和不足,以及不同课程的特点,教学平台的完备性,教师的教学能力、技术水平和投入,学生的学习风格、学习条件和技术水平等,线上学习学生的学习体验总体不佳。具体表现在以下几个方面。

表2　学习体验问卷信度表

	克隆巴赫 Alpha	基于标准化项的克隆巴赫 Alpha	项数
学习相关体验维度	0.939	0.941	16
环境相关体验维度	0.838	0.839	9
学习体验问卷	0.904	0.894	25

（1）学生不喜欢线上学习，认为线上学习消磨了学生的学习动力和注意力。线上课程单方面信息传递的特性让学生的注意力难以长时间集中，学习氛围影响学习效率。44％的学生认为线上听课时不容易长时间保持注意力集中，53.4％的学生认为家庭环境不适合学习，有38％的学生明确表示不喜欢线上学习和上课。这与学生质性反馈的内容一致。有超过140条质性反馈提到在家里没有学习氛围，学习不够自觉，网课难以集中注意力。如：“主要是没有学校的大环境（诸如同学督促，图书馆和自习室，小组讨论室等），上课很难集中注意力，自律性明显下降，线上效果不好。”（♯94①）有超过220条反馈明确提到不喜欢线上课程。如：“不喜欢上网课，上网课完全没有学习动力，学习主动性下降，期末成绩应该会很差。”（♯342）“不想学了，太难受了，从未如此想念过学校。”（♯996）“感觉什么也没学进去，非常希望开学，我觉得线上学习终究不如线下学习效果好。”（♯2421）

（2）线上教学平台、设备和网络等教学环境条件方面存在的问题给很多学生带来困扰。有23.2％的学生感到提交作业耗费的时间太长，40.6％的学生感到在线平台的故障比较频繁，学生质性反馈提出的具体现象是“canvas平台经常卡顿，还只能用个别浏览器登录，兼容性不好。”（♯26）59.1％的学生认为每天面对多种教学平台，多个通知渠道，大大增加了学习的繁复性，51.5％的学生感到作业提交平台和提交方式、提交要求过多，容易混乱。学生的质性反馈也提出：“老师布置作业的平台和通知方式不一，感觉各种信息很乱、很杂，急需一个统一的平台。”（♯14）此外，学生自身的学习环境也对学习体验也有很大影响，如“家里网络时好时坏，设备设置麻烦，考试环境不好，每天都有人装修，感觉考试很难集中注意力。”（♯1916）

（3）线上教学对学生的注意力、自控力和自主学习能力带来很大考验。有38.5％的学生感到线上教学导致的完全自主学习，让学习难以坚持，有102条质性反馈也反应“自主学习时间效率太低了。”（♯2601）

（4）每天长时间在电脑前学习，对学生的身心健康产生不良影响。具体表现为一方面对学生的眼睛造成明显伤害；另一方面缺少与同学的沟通交流，以及不够自律导致的自我否

---

①　表示问卷编号为94号被试的质性反馈。其他类推。因开放式问题仅一个，一个被试若提供了多条质性反馈，只取其中最具异质性的反馈。

137

定,对学生的心理健康产生不良影响。因此有57.3%的学生感到全天候盯着电脑学习,难以忍受,有23条质性反馈明确提到每天眼睛疼,有19条反馈明确提到很累。如:"感觉压力很大,每天10多个小时对着电脑,脊椎感觉负担比较重,视力下降严重。"(♯101)"不够自律导致拖延,拖延容易使人焦虑,焦虑带来自我否定……"(♯30)"无法更好地跟同学交流学习内容。"(♯29)

(5)质性反馈还提出了一些其他建议和感受。如:有15条反馈提出实验课和实践课不宜线上进行;有学生对线上沟通的便捷性提出质疑,他们认为"线下教学时有问题可以下课直接问老师,但线上课程老师有可能不看下面的沟通框或者我自己课后不好意思再去发邮件打扰老师,线上教学的沟通便捷性还是很难说……"(♯772);有学生提出未参与课堂的行为没有及时得到监控,他们认为现在的"线上教学是学生浑水摸鱼不会被发现"(♯466)

4 改善线上线下同步教学效果的方法和措施

由上分析可见,线上学习对学生学习体验的负面影响非常大。为改善国际学生的学习体验和学习效果,保证线上线下并行教学的效果和质量,根据已有研究及针对学生的调查,笔者提出以下建议:

4.1 时刻注意线上学生的课堂卷入度,采用多种互动方式进行教学设计

已有研究发现长期的单调刺激让人难以集中注意力,但一些新异的、特别的、突然的刺激可以让人的注意力集中起来[19]。已有线下教学的研究发现,纯讲授式的课堂,学生的注意力水平只有在刚刚上课和快要下课时较高,其他时间都比较低[20]。毫无疑问,已有大量研究都证实注意力水平与个人的学习效果和记忆效果密切相关,如果学生对课堂内容无法集中注意力,必然会影响学习效果。而线上课程对学生来说的最大挑战恰恰是因为长期的单调刺激使其无法集中注意力,进而消磨其学习兴趣。因此,无论是线上教学还是线上线下并行的教学,最先要解决的问题就是将学生的注意力牢牢地吸引到课堂上来。已有研究发现,一些新异的、特别的、突然的刺激可以让人的注意力集中起来。因此,教师需要在教学设计的过程中不时地提供一些与课程内容密切相关的互动式教学活动,这些主动学习活动相对于课堂讲授来说就是新异刺激。常见的互动式教学活动包括提问、讨论、小组合作学习、案例教学法、同伴教学法、任务式教学法、项目式教学法、角色扮演、辩论、互评、观点辨析、思维导图、学生出试题、作业展示、头脑风暴、难题悖论、学生总结他人回答等。

此外,为了让线上国际学生将注意力集中到课堂教学中来,教师还需要在授课过程中更多地关注他们,将更多课堂互动的参与机会留给线上听课的学生。这对教师的责任感和教学设计能力提出了更高要求,班上如果有国际学生在线上课,任课教师须更多地兼顾线上学生的学习效果和学习体验,而不是全部注意力都集中在线下。可以采取让线上学生也都将头像露出来,和线下的学生一起互动认识,包括表达观点、参与讨论、完成扫码答题等活动。

4.2　利用形成性评价推动线上线下学生同步提高

形成性评价(Formative Assessment)是一个预先设计好的"过程",教师在教学过程中不断关注和监控学生的学习情况,收集学生学习进展的证据,并据此修正教学来帮助学生学习[21,22]。形成性评价的本质特点是评价所收集的信息主要用于改进,它是改善学生学习、促进学生发展的重要手段[23]。教师通过形成性评价,可以让学生知道什么是最重要的以及哪些需要重点学习;可以及时发现学生学习过程中存在的优势与不足,并及时给予干预和指导;可以为教师和学生改进教学和学习提供依据;可以给学生提供练习某些技能和巩固学习成果的机会,学生在看到自己不断进步的过程中还提升自信心和自我效能感,激发成就动机;从长久的视角来看,学生还可以根据持续性的形成性评价意见,规划自己的未来发展,进而影响其后续课程的选择以及职业生涯设计[24-26]。无论是线上教学还是线下教学,形成性评估对于学生的学习和改进都非常重要。为同步推进线上线下学生的学习效果,教师需要在课堂上采取多种形成性评价的手段和方法,并将存在的问题及时反馈给学生和及时据此调整教学策略和设计。

4.3　多方努力共同提高学生的自主学习能力是提高在线国际学生学习效果的根本性举措

前文研究发现,国际学生在线学习的最大挑战是缺乏强烈的内在学习动机以及主动的自主学习能力。学习动机可以通过满足学生的自尊(让学生体验到价值感和意义感,即对学生的学习结果及时肯定并提高学习活动本身的意义和价值)、审美(可以从教师的言语、行为、人格、课件、经验、学问以及教学环境设计等方面来提升)、社交需求(包括教师创设机会增加学生与学生的互动以及教师与同学之间的互动)以及培养兴趣(包括在授课的过程中教师需要增强讲授内容的趣味性和实用性,强调知识的意义、将知识与其他学科和生活联系起来、给学生提供挑战自我的机会等)等方面来激发。

在自主学习能力方面,任课教师、思政教师和辅导员等可以从设定学习目标、制订学习计划、选择学习方法、利用学习资源、监控学习过程、评价学习结果六个方面协助学生逐步培养其自主学习能力。自主学习能力一旦养成,将受益终生。在某种程度上,学生自主学习能力的培养比完成教学任务更重要。在这一过程中,思政教师、学科教师、辅导员、家长和心理咨询教师都能发挥其应有的作用。

4.4　通过中国学生与国际学生结对子的方式,降低国际学生的被疏离感和因线上学习导致的社交隔离

线下学习与线上学习相比,不仅是知识传授渠道改变这样简单的问题,线下学习更重要的是给学生提供了一个大家一起努力学习的学习氛围,学生之间的交流协作很好地满足了学生的社交需求。当前国际学生的在线学习与以往基于慕课的在线学习的另一重大区别是

社交隔离。国际学生的在线学习面临与同龄人的社交隔断,不仅与同学之间严重缺乏面对面的接触和交流,即使在自己的家里,也因为疫情使社交活动严重缩减,这对其心理健康和知识的社会建构都带来了严重影响。而基于慕课的在线学习则不存在社交隔断的情况,因为他们只是利用业余时间,凭借自己的兴趣和爱好进行额外学习,这并不影响他们的正常社交。因此,为改变国际学生的社交隔离,任课教师可以主动采取干预措施,在小组合作学习时刻意安排中国学生与国际学生共同组建团队,安排不同的任务角色,设置各种线上线下合作完成的学习任务,包括课堂讨论都可以让线下学生与国际学生共建微信群,一起在群里讨论。任课教师还可以建立更多的在线国际学生与线下学生之间结对子合作学习的方式,一方面可以降低国际学生的在线学习疏离感;另一方面,也可以增强线下学生的社交能力、文化理解、责任意识以及外语交流能力等。

参考文献

［1］刘进."一带一路"背景下如何提升来华留学生招生质量——奖学金视角[J].高校教育管理.2020,1:29－39.

［2］ZAWACKI-RICHTER O,NAIDU S. Mapping research trends from 35 years of publications in Distance Education [J]. Distance Education,2016,37(3):245－269.

［3］GARRISON D R,KANUKA H. Changing distance education and changing organizational issues. In W. J. Bramble & S. Panda (Eds.), Economics of distance and online learning:Theory, practice, and research [M]. New York, NY:Routledge, 2008:132－147.

［4］KANUKA H,BROOKS C. Distance education in a post-fordist time:Negotiating difference. In M. F. Cleveland-Innes & D. R. Garrison (Eds.), An introduction to distance education:Understanding teaching and learning in a new era [M]. New York, NY:Routledge, 2010:69－90

［5］MUHAMMAD A,KAINAT A. Online learning amid the COVID－19 pandemic:Students' perspectives [J]. Journal of Pedagogical Sociology and Psychology. 2020,2(1):45－51.

［6］ALMANTHARI A,MAULINA S,BRUCE S. Secondary School Mathematics Teachers' Views on E-Learning Implementation Barriers during the COVID－19 Pandemic:The Case of Indonesia [J]. Eurasia journal of mathematics, science and technology education, 2020,16(7).

［7］BASILAIA G,KVAVADZE D. Transition to online education in schools during a SARS－CoV－2 coronavirus (COVID－19) pandemic in Georgia [J]. Pedagogical Research,2020,5(4).

［8］WANG C H,SHANNON D M,ROSS M E. Students' characteristics, self-regulated learning, technology self-efficacy, and course outcomes in online learning [J]. Distance Education, 2013,34(3):302－323.

［9］WILDE N,HSU A. The influence of general self-efficacy on the interpretation of vicarious experience information within online learning [J]. International Journal of Educational Technology in Higher Education,2019,16(1):1－20.

［10］BOWER M. Technology-mediated learning theory [J]. British Journal of Educational Technology, 2019,50(3):1035－1048. https://doi.org/10.1111/bjet.12771.

［11］GONZALEZ T,DE L,HINCZ K P, et al. Influence of COVID－19 confinement on students' performance in higher education [J]. PloS one,2020,15(10):e0239490.

［12］WANG C H,SHANNON D M,ROSS M E. Students' characteristics, self-regulated learning, technology self-efficacy, and course outcomes in online learning [J]. Distance Education, 2013,34(3):

302 – 323.

[13] MISHRA L，GUPTA T，SHREE A. Online teaching-learning in higher education during lockdown period of COVID‑19 pandemic [J]. International Journal of Educational Research Open，2020,1.

[14] BOWER M. Technology-mediated learning theory [J]. British Journal of Educational Technology，2019,50(3):1035 – 1048.

[15] CZEISLER M É，LANE R I，PETROSKY E，et al. Mental health，substance use，and suicidal ideation during the COVID‑19 pandemic—United States，June 24 – 30,2020 [J]. Morbidity and Mortality Weekly Report，2020,69(32):1049.

[16] ODDO L E，GARNER A，NOVICK D R，et al. Remote delivery of psychosocial intervention for college students with adhd during covid‑19: clinical strategies，practice recommendations，and future considerations [J]. Evidence-Based Practice in Child and Adolescent Mental Health，2021,6(1): 99 – 115.

[17] HOLLIS R B，WAS C A. Mind wandering，control failures，and social media distractions in online learning [J]. Learning and Instruction，2016,42:104 – 112.

[18] 罗伯特 J 斯滕伯格. 认知心理学(第三版)[M]. 杨炳钧，陈燕，邹枝玲译. 中国轻工业出版社,2006:62.

[19] GIBBS G，HABESHAW T. Preparing to Teach: An Introduction to Effective Teaching in Higher Education. Technical & Educational Services Ltd [J]. 1992.

[20] 孙立坤. 提升高中数学教师形成性评价教学技能的设计研究[D]. 华东师范大学,2014.

[21] POPHAM W J. Why standardized tests don't measure educational quality [J]. Educational leadership，1999,56:8 – 16.

[22] 赵德成. 教学中的形成性评价:是什么及如何推进[J]. 教育科学研究. 2013,3:47 – 51.

[23] CROOKS T J. The impact of classroom evaluation practices on students [J]. Review of educational research，1988,58(4):438 – 481.

[24] SADLER D R. Formative assessment and the design of instructional systems [J]. Instructional Science. 1989,18(2):119 – 144.

[25] BLACK P，Wiliam D. Assessment and classroom learning [J]. Assessment in Education. 1998,5 (1):7 – 74.

Online Teaching Strategies Specifically for Overseas Students in China during the New Normal Teaching

Wang Lijuan

Abstract: Online learning has been very much praised for its openness and convenience，which dealt quite well with schooling during the COVID‑19 pandemic. However，the unidirectional transmission of information，inadequacies in teaching platforms，and the distance of time and space between teachers and students have resulted in many problems. Moreover，students vary much in self-control and conditions of learning. These have brought both praises and criticisms. With the pandemic under control in China，schools reopened in September 2020 and the new normal teaching has been witnessed for a whole semester up till now. During this time，overseas students in China have been to some extent neglected. Many students are still retained in their home countries and they can only attend classes online. The learning effects, experiences and attitudes of these students have been much affected. With results of learning experiences by these students as evidence, we propose the following teaching strategies: teachers need to strengthen their sense of responsibility, change the teaching design accordingly, carry out formative evaluation, cultivate the autonomous learning, enhance students' interest and motivation through practicability, and group these students and Chinese students into pairs for mutual help. These may provide students and teachers concerned with professional guidance so that methods and strategies during the new normal teaching may be enriched.

Key words: online learning; learning experience; overseas students in China